Ein Sprachkurs in Bildern – warum?

Einer der Gründe sind Sie selbst und wahrscheinlich auch die Motivation, aus welcher heraus Sie dieses Buch in den Händen halten!

Die meisten Menschen, die eine Sprache lernen, schrecken vor den vielen Vokabeln und unverständlichen Grammatikregeln zurück.

Viele dieser Menschen gehören zu dem sogenannten ‚visuellen Lerntyp', der besser lernt, wenn Lerninhalte visuell, also bildsprachlich, aufbereitet sind.

Werden Sie ruhig emotional …

… denn an Dinge, für die Sie ein Gefühl entwickeln, erinnern Sie sich länger als an Dinge, die Sie ‚kaltlassen'.

Bilder und visuelle Darstellungen sind dabei bestens dazu geeignet, Emotionen zu vermitteln. Sie prägen sich leichter ein und sorgen für Motivation – die Grundlage für Ihren Lernerfolg!

Durch die Verknüpfung von Inhalt und visueller Darstellung entsteht die Basis für entspanntes und positives Lernen.

Visuelles Lernen leicht gemacht

Bilder, Grafiken, Formen und Farben helfen unserem Gehirn, Texte zu strukturieren und zu verstehen.

Dieses Prinzip macht sich dieser Kurs zunutze, um komplexe und ‚trockene' Regeln übersichtlich und einfach darzustellen.

Die Visualisierung unterstützt dabei den Text, bricht die reine Textmasse auf und hilft Ihnen so, sprachliche Inhalte besser zu verstehen und zu verarbeiten.

PONS

Sprachkurs in Bildern
FRANZÖSISCH

von
Gabrielle Robein

PONS GmbH
Stuttgart

Bienvenu!

Der **PONS Sprachkurs in Bildern Französisch** bietet Ihnen mit dieser völlig neuartigen visuellen Methode einen sicheren und leichten Einstieg in die französische Sprache.

Der Kurs besteht aus 20 Lektionen:

Jede Lektion beginnt mit einer **Auftaktseite**, die Ihnen einen ersten Vorgeschmack bietet auf die Themen, die Sie in der Lektion erwarten.

Auf den folgenden Seiten werden zunächst spielerisch, visuell und durch Hören der Wortschatz und die ersten Sätze zu dem Thema eingeführt. Anschließend erarbeiten Sie den Haupttext der Lektion anhand von Verständnisübungen. Danach werden die Inhalte, sei es Grammatik, Kommunikation oder Wortschatz, systematisch erklärt und in abwechslungsreichen Übungen gefestigt.

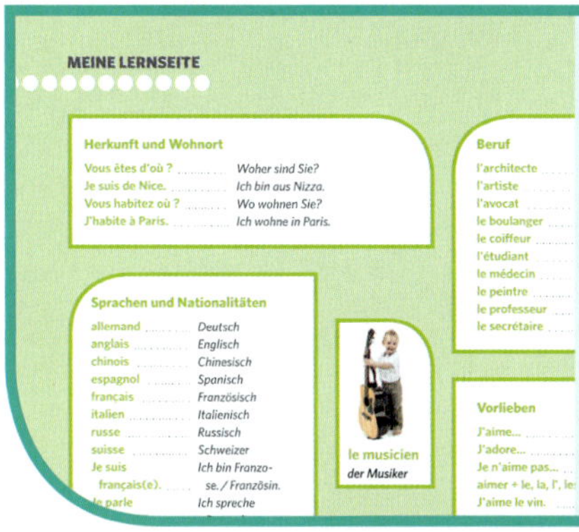

Auf der **Abschlussseite** können Sie alle wichtigen Wörter und Wendungen, nach Themen sortiert, nochmals nachlesen und wiederholen. Eine weiterführende Übung soll Ihnen helfen dieses Wissen zu festigen.

Dieses CD-Symbol verweist auf die zur Übung passende **Audio-Datei** auf der MP3-CD.

Lösungen: Zu jeder Übung finden Sie die Lösung direkt auf der Doppelseite rechts unten im grauen Kästchen, so dass Sie immer schnell überprüfen können, was Sie richtig oder falsch gemacht haben. Aber nicht schummeln! Decken Sie die Lösungen mit dem magnetischen Lesezeichen ab, solange Sie an einer Übung arbeiten, und vergleichen Sie erst hinterher.

LÖSUNGEN

5. 1.B, 2. A
6. 1. Vous êtes ?, 2. Comment tu t'appelles ?
7. 1. Ce sont, 2. c'est, 3. Voilà
8. 1. B, 2.A

Außerdem helfen Ihnen beim Lernen:

Das Wortverzeichnis: Alle rund 1400 Wörter und Wendungen, die Sie in diesem Kurs lernen, können Sie in einer alphabetischen Wortliste am Ende des Buches schnell nachschlagen.

Hörtexte: Alle wichtigen Wörter, Sätze und Texte, die Sie auf der CD hören, können Sie auch im PDF auf der MP3-CD mit- oder nachlesen. Dort finden Sie auch die Übersetzung dazu.

Viel Erfolg und Freude beim Französischlernen!

Ihre PONS-Redaktion

INHALT

INHALT

1. L'art de vivre

Vivre comme Dieu en France *Leben wie Gott in Frankreich* – Genau deshalb fahren viele Touristen nach Frankreich, sie wollen das französische **Flair** auf sich wirken lassen, die Finessen der **Nouvelle Cuisine** entdecken, einen **Apéritif** auf der Terrasse eines kleinen **Cafés** in der Provence genießen, die **Bohème** in Paris erleben ... Solche Vorstellungen der französischen Lebenskunst **Art de vivre** mögen zwar teilweise Klischees sein, eines ist jedoch sicher: Sie kennen bereits sehr viele französische Wörter!

Wortschatz / Kommunikation

- meine ersten französischen Wörter
- sich begrüßen und verabschieden
- sich oder jemanden vorstellen
- nach dem Namen fragen

Grammatik

- Subjektpronomen
- das Verb **être**
- die bestimmten Artikel
- der Plural der Substantive
- Alphabet und Aussprache
- die Zahlen bis 19

1. Erste französische Wörter

Sie kennen sicherlich schon einige französische Wörter. Ordnen Sie jedem Bild das passende Wort zu.

____ **A** l'amour

____ **B** le champagne

____ **C** la tour Eiffel

____ **D** la mode

____ **E** le dessert

____ **F** les moules-frites

____ **G** la quiche

____ **H** l'harmonie

____ **I** les trois mousquetaires

2. Wie klingt es auf Französisch? ⊙ 1

Hören Sie nun, wie die Wörter auf Französisch ausgesprochen werden und sprechen Sie sie nach.

« Les trois mousquetaires... » ist der Titel des Abenteuerromans des französischen Schriftstellers Alexandre Dumas.

3. Begrüßungen 2

Lesen Sie und hören Sie die Begrüßungen. Schreiben Sie die folgenden Übersetzungen in die entsprechenden Kästchen.

A Guten Tag B Guten Abend C Hallo

1

Salut !

____

> Bonjour, Monsieur.
> Bonjour, Madame.

____

2

3

Bonsoir !

____

Es ist höflicher, **Madame** oder **Monsieur** zu sagen, wenn man jemanden formell begrüßt. Die Anrede **Mademoiselle** wird für junge Frauen immer noch häufig verwendet, wird aber bei Behörden immer weniger benutzt.

4. Sich vorstellen 3

Hören Sie drei Möglichkeiten, sich selbst vorzustellen. Ergänzen Sie die Vornamen der Brüder.

Je m'appelle

1.

Jean- ________________

A Michel
B Pierre
C Claude

Je suis

2.

Jean- ________________

Moi, c'est

3.

Jean- ________________

LÖSUNGEN

1. 1.G, 2.C, 3.E, 4.A, 5.B, 6.I, 7.D, 8.H 9.F
3. 1.C, 2.A, 3.B
4. 1.B, 2.C, 3.A

5. Vous êtes... ? – Sie sind ...? 4

Lesen Sie die beiden Dialoge und hören Sie sie an. Der erste Dialog ist formell, der zweite informell. Entscheiden Sie, in welchem Kontext welches Pronomen verwendet wird.

1

> Bonjour. Je suis Stéphane Bernard. Et vous ? Vous êtes... ?

> Valérie Mercier.

(sehr) erfreut

> Enchanté.

> Salut. Moi, c'est Cathy. Et toi ? Comment tu t'appelles ?

> Je m'appelle Alexis...

2

1. Formell ____ A tu
2. Informell ____ B vous

6. Vous êtes... ? – Sie sind ...? 5

In den beiden Dialogen in der vorigen Übung haben Sie zwei Fragen gehört, mit denen man nach den Namen fragen kann. Schreiben Sie diese Fragen hier auf und überprüfen Sie Ihre Antwort mit der CD.

1. Frage 1: ____________________

2. Frage 2: ____________________

Wenn sich zwei Franzosen treffen, begrüßen sie sich oft mit einem Küsschen auf die Wange. Dieses Küsschen heißt **la bise**. Dabei muss man einiges beachten. Grundsätzlich gilt: In der Freizeit küsst man sich, auf der Arbeit eher nicht. Zwischen Männern und Frauen sowie unter Frauen: ja. Männer untereinander: selten. Die Anzahl der Küsschen? Da wird es auch für Franzosen schwierig: zwischen 2 und 4, je nach Region. Aber keine Angst ... letztendlich küsst man nie zuviel !

7. C'est qui ? – Wer ist das? ◎ 6

Hören Sie und lesen Sie die drei kurzen Dialoge. Wie stellt man jemanden vor? Ergänzen Sie die Ausdrücke mit den fehlenden Wörtern.

1

> C'est qui ? Ce sont les trois mousquetaires ?

Aber nein!

> Mais non !

2

Junge

> Daniel, c'est le garçon ?

> Non. Danielle: D-A-N-I-E- 2 L - E.

Mädchen

C'est la fille.

3

> Voilà Jean-Claude !

> Mais non. C'est Jean-Michel.

Jemanden vorstellen:

1. ______________ les 3 mousquetaires.
2. Danielle, ______________ la fille.
3. ______________ Jean-Claude.

8. Sich verabschieden ◎ 7

Hören Sie die zwei Abschiedsgrüße und lesen Sie sie mit. Finden Sie heraus, welcher formell und welcher informell ist.

1

Salut !

2

Au revoir !

____ A formell

____ B informell

LÖSUNGEN

5. 1.B, 2. A

6. 1. Vous êtes ?, 2. Comment tu t'appelles ?

7. 1. Ce sont, 2. c'est, 3. Voilà

8. 1. B, 2.A

9. Das Französische Alphabet 8

A. Hören Sie das Alphabet und sprechen Sie die Buchstaben nach.

A B C D E F G
H I J K L M N
O P Q R S T U
V W X Y Z

Buchstabenerweiterung

Buchstabe	Bezeichnung	Aussprache	Beispiel
é	e accent aigu	[e]	le café
è	e accent grave	[ä]	la bohème
ê	e accent circon-flexe	[ä]	la fête
ç	c cédille	[ß]	François

B. Buchstabieren Sie die Vornamen. Überprüfen Sie mit der CD. 9

1. Mathéo **2.** Mathilde **3.** Cédric **4.** Vincent **5.** Hélène **6.** Françoise

10. Geschrieben, gesprochen 10

Hier geht es um die Aussprache einiger Konsonanten. Hören Sie sich die Wörter an und kreuzen Sie die richtige Antwort an.

Coca-cola
macaron
Cécile

1. Vor a, o, u und Konsonanten wird **c** wie A ☐ **k** B ☐ **ß** ausgesprochen.
Vor e und i wird aber **c** wie C ☐ **k** D ☐ **ß** ausgesprochen.

garage
girafe

2. Vor a, o, u und Konsonanten wird **g** wie A ☐ **g** B ☐ **j** ausgesprochen.
Vor e und i wird aber **g** zu einem stimmhaften j (wie in Genie).

journaliste

3. Das französische **j** wird im Wort Journalist ausgesprochen.

harmonie

4. Das französische **h** ist A ☐ hörbar B ☐ stumm (nicht hörbar).

11. Die Vokale im Französischen ⦿ 11

A. Hören Sie sich die Wörter an und kreuzen Sie die richtige Antwort an.

xylophone	1. **y** wird A ☐ **i** (wie in Insel) B ☐ **ü** (wie in fünf) ausgesprochen.
littérature	2. **u** wird A ☐ **ü** (wie in fünf) B ☐ **u** (wie in Suzanne) ausgesprochen, außer in Verbindung mit anderen Vokalen.
amour	3. **ou** wird A ☐ **ö** (wie in schön) B ☐ **u** (wie in Suzanne) ausgesprochen.
beige, flair	4. **ei** und **ai** (sowie **è** und **ê**) werden A ☐ **e** (wie in Reh) B ☐ **ä** (wie in Bär) ausgesprochen.
restaurant, Bordeaux	5. **au** und **eau** werden A ☐ **o** (wie in Otto) B ☐ **au** (wie in Frau) ausgesprochen.

B. Die folgenden drei Nasalvokale sind typisch für die französische Sprache. Hören Sie sich die Wörter an und versuchen Sie mit Hilfe des Tipps unten diese Wörter nachzusprechen. ⦿ 12

1

[ɔ̃]

bonbon

ebenso:
bonjour, Montmartre, pardon

2

[ɑ̃]

Kind
enfant

ebenso:
France, Provence, champagne

3

[oẽ]

vin

ebenso:
un (1), cinq (5), parfum

AUSSPRACHETRICK

Wenn Sie ein **o**, **a** oder **i** aussprechen und dabei den Kopf langsam in den Nacken legen, werden Sie merken, wie der Laut sich nun **nasal** anhört. So muss es im Französischen klingen! Das **n** oder **m** nach dem Nasalvokal wird dabei **nicht** ausgesprochen.

LÖSUNGEN
10. 1. A, D, 2. A, 4. B
11. A. 1. A, 2. A, 3. B, 4. B, 5. A

12. Die Subjektpronomen

Die Subjektpronomen ersetzen das Subjekt des Satzes.

Je m'appelle Isabelle.

Vous êtes Madame Bertrand?

je
ich

nous
wir

tu
du

vous
ihr / Sie

il / elle
er / sie

ils / elles
sie

Vous ist die 2. Person Plural und wird auch für die Höflichkeitsform verwendet:

Vous êtes Monsieur Bernard ?
Sind Sie Herr Bernard?

ACHTUNG:

MOI = JE (ICH) / TOI = TU (DU)

Sie haben auch bereits den Ausdruck gesehen:
Moi, je m'appelle... Et toi, comment tu t'appelles ?

Moi und **toi** sind unverbundene Personalpronomen, d.h. sie haben keine direkte Verbindung zum Verb.

Man verwendet sie beispielsweise:

- als Betonung: **Moi, je m'appelle Éric.** *Ich heiße Éric.*
- nach **c'est** und **et**: **Et toi ? / Coucou, c'est moi !**
Und du? / Huhu, ich bin's!

13. Das Verb être (*sein*) 13

Lesen Sie die Sätze und ergänzen Sie die fehlenden Formen des Verbs être unten. Überprüfen Sie Ihre Lösungen mit der CD und sprechen Sie die Verbformen nach.

Pardon, mais... vous êtes qui ?

hier
Chut... Je suis ici incognito...

UNREGELMÄSSIG

être *sein*

je	**1.** ______
tu	**es**
il / elle	**est**
nous	**sommes**
vous	**2.** ______
ils / elles	**sont**

14. Wer ist wer ?

Ergänzen Sie die Sprechblasen mit der passenden Form von être.

1. Pardon mais.... tu ______ qui ?

2. Moi ? Je ______ Dora. Et toi ?

3. Elles ______ quatre.

4. Bonjour !

Nous ______

Franzosen
français.

LÖSUNGEN

13. 1. suis, 2. êtes

14. 1. es, 2. suis, 3. sont, 4. sommes

15. Der bestimmte Artikel

A. Im Französischen gibt es männliche und weibliche Substantive. Suchen Sie aus den folgenden Beispielen den bestimmten Artikel heraus, der dem Substantiv vorangestellt ist und ergänzen Sie die Tabellen.

A les moules-frites | **B** la fille | **C** l'harmonie | **D** l'apéritif | **E** le restaurant | **F** le garçon | **G** les mousquetaires | **H** la quiche

SINGULAR

Männlich	Weiblich
le	**la**
1. ______	3. ______
2. ______	4. ______

l'

L' steht vor einem Vokal oder vor h:

5. ______

6. ______

PLURAL

les

7. ______

8. ______

B. Schreiben Sie jeweils das Substantiv im Singular oder im Plural. Überprüfen Sie mit der CD. 14

la fleur

1. les fleurs

le café

2. ______

Im Plural erhalten die meisten Nomen ein **-s**. Dieses **-s** wird aber **nicht** ausgesprochen.

3. ______

les dames

la tour

4. ______

5. ______

les oranges

16. Die Zahlen bis 19 15

A. Hören Sie sich mehrmals die Zahlen an und ordnen Sie jeder Zahl das passende Wort zu. Sprechen Sie anschließend die Zahlen nach.

0 zéro	5	10	15 quinze
1	6 six	11	16
2	7	12 douze	17
3 trois	8	13	18
4	9	14	19

quatre, un, neuf, zéro, quinze, six, quatorze, deux, seize, treize, sept, dix-huit, douze, onze, dix, cinq, trois, dix-sept, dix-neuf, huit

B. Wir spielen Bingo! Hören Sie die Zahlen und kreuzen Sie die genannten Zahlen auf den beiden Kärtchen an. Welche Karte hat zuerst eine Reihe komplett durchgestrichen? 1 oder 2? 16

1

8	15	19
3	11	16
2	7	10

2

0	5	18
12	13	1
4	6	14

LÖSUNGEN

15. A. 1.E, 2.F, 3.B, 4.H, 5.C, 6.D, 7.A, 8.G

15. B. 2. les cafés, 3. la dame, 4. les tours, 5. l'orange

16. A. 1. un, 2. deux, 4. quatre, 5. cinq, 7. sept, 8. huit, 9. neuf, 10. dix, 11. onze, 13. treize, 14. quatorze, 16. seize, 17. dix-sept, 18. dix-huit, 19. dix-neuf

16. B. 1

Begrüßen

Bonjour.	Guten Tag.
Bonsoir.	Guten Abend.
Salut.	Hallo, Tschüss.
Au revoir.	Auf Wiedersehen.

Nach den Namen fragen

C'est qui ?	Wer ist das?
Et vous, vous êtes... ?	Und Sie sind ...?
Et toi ?	Und du?
Comment tu t'appelles ?	Wie heißt du?
Je suis...	Ich bin ...
Je m'appelle...	Ich heiße ...
Moi, c'est...	Ich heiße ...
Enchanté(e) !	(Sehr) erfreut!

Jemanden vorstellen

C'est Paul.	Das ist Paul.
Et lui, c'est Claude.	Und das ist Claude.
Ce sont Jean et Michel.	Das sind Jean und Michel.
Voilà Cathy.	Das ist / Hier ist Cathy.

Erste Wörter

la France	Frankreich
la fille	Mädchen
le garçon	Junge
l'enfant	Kind
la fleur	Blume
la tour	Turm
le vin	Wein
s'appeller	heißen
être	sein

Die Zahlen bis 19

zéro	0	dix	10
un	1	onze	11
deux	2	douze	12
trois	3	treize	13
quatre	4	quatorze	14
cinq	5	quinze	15
six	6	seize	16
sept	7	dix-sept	17
huit	8	dix-huit	18
neuf	9	dix-neuf	19

WAS VERBINDEN SIE MIT FRANKREICH?

Erstellen Sie ihr eigenes Frankreichplakat, indem Sie eigene Fotos von einer Frankreichreise oder aus Zeitschriften aufkleben und mit den entsprechenden Begriffen versehen. Sie können das Plakat im Laufe der Lektionen immer wieder um neue Begriffe erweitern.

2. Portraits

Franzosen unterhalten sich gerne und diskutieren viel miteinander. Sie sind höflich und werden Ihrer Meinung nicht widersprechen, ohne sie gut genug zu kennen. Daher gibt es vor langen Gesprächen über Politik oder Gesellschaft erstmal Smalltalk! Fragen nach Ihrem Beruf, Ihrer Herkunft oder Ihren Vorlieben sind gute Einstiege ins Gespräch. Und wenn Sie Wein, Gastronomie oder Kino gerne mögen - das sind beliebte Gesprächsthemen. Mit einigen Sätzen können Sie die Kunst, über dieses und jenes **à la française** zu sprechen (**parler de tout et de rien**), rasch erlernen!

Wortschatz / Kommunikation

- Angaben über eine Person machen
- Berufsbezeichnungen
- Nationalitäten

Grammatik

- Endkonsonanten und die Liaison
- weibliche Form der Adjektive und Berufsbezeichnungen
- Verben auf **-er** und das Verb **avoir**
- die Intonationsfrage
- der unbestimmte Artikel
- die Verneinung

1. Faire connaissance – Sich kennenlernen 17

A. Die Frau gibt einige Informationen über sich an. Hören Sie die Sätze und sprechen Sie nach.

NATIONALITÄT
Je suis **française.**

SPRACHE
Je parle **français, anglais et espagnol.**

VORLIEBE(N)
J'aime le vin.

WOHNORT
J'habite **à Paris.**

BERUF
Je suis **médecin.**

B. Und was sagt der Mann? Hören Sie zu und verbinden Sie die richtigen Aussagen. 18

1. Je suis
2. Je parle
3. J'aime
4. J'habite à
5. Je suis

____ A Hambourg.
____ B allemand.
____ C architecte.
____ D le cinéma.
____ E allemand et français.

2. Professions – Berufe ◎ 19

Ordnen Sie jedem Bild den passenden Beruf zu. Prüfen Sie Ihre Lösung anhand der CD.

Il est

____ A secrétaire.

____ B boulanger.

____ C coiffeur.

____ D professeur.

Elle est

____ E étudiante.

____ F médecin.

____ G peintre.

____ H musicienne.

____ I avocate.

LÖSUNGEN

1. 1.B, 2.E, 3.D, 4.A, 5.C

2. 1.F, 2.D, 3.G, 4.A, 5.E, 6.B, 7.H, 8.C, 9.I

3. Langues et nationalités – Sprachen und Nationalitäten 20

Ergänzen Sie die fehlenden Nationalitäten. Hören Sie sich dann die Wörter an.

italien · français · espagnol · chinois · russe · allemand · suisse · anglais

1. ____________

2. ____________

3. ____________

4. ____________

5. ____________

6. ____________

7. ____________

8. ____________

4. D'où ? – Woher? 21

Hören Sie zu und schreiben Sie die passenden Nationalitäten zu jedem Bild.

1. ____________

2. ____________

3. ____________

4. ____________

5. ____________

5. Devinettes - Rätsel ◎ 22

Diese berühmten Persönlichkeiten stellen sich vor. Hören Sie zu und lesen Sie mit. Ordnen Sie dann jeder Person den passenden Text zu.

Mona Lisa

Picasso

Catherine II de Russie

Mozart

___ **A** Bonjour. Je suis une femme (Frau) célèbre (berühmt). Je suis italienne, mais j'habite à Paris. J'aime l'art et les musées. J'ai un sourire (Lächeln) très spécial.

___ **B** Je suis un homme (Mann). Je suis un musicien et compositeur autrichien (Österreicher). Je suis de Salzbourg. J'adore le violon (Geige) et le piano (Klavier) : je suis un virtuose !

___ **C** Je suis un grand génie de la peinture. J'ai un atelier à Montmartre et je rencontre (treffe) des artistes: Matisse, Jean Cocteau, Modigliani, etc. Mais je ne suis pas français : je suis espagnol !

___ **D** Je suis une femme politique russe, mais je suis de Stettin. (À l'époque, c'est allemand). Je parle allemand, français et russe. J'aime la littérature française et la philosophie. Mais je n'aime pas (nicht) beaucoup (sehr) mon mari (mein Ehemann), le tsar Pierre III.

LÖSUNGEN

3. 1. allemand, 2. anglais, 3. russe, 4. suisse, 5. français, 6. espagnol, 7. italien, 8. chinois

4. 1.russe, 2. allemand, 3. anglais, 4. italien, 5. suisse

5. 1.A, 2.C, 3.D, 4.B

6. Stumm oder hörbar? 23

Hier geht es um die Aussprache des letzen Konsonanten eines Wortes. Hören Sie sich die Wörter genau an und vervollständigen Sie die Ausspracheregel, indem Sie das Passende ankreuzen.

salut · allemand · espagnol · deux · étudiant · anglais · Paris · parc · chinois · je suis · grand · bonjour · coiffeur

DIE ENDUNGEN -ER, -EZ, -ET

Sie ergeben denselben Klang **e [e]** (wie **é**)
Beispiele: **parl<u>er</u>, vous parl<u>ez</u>, rend<u>ez</u>-vous, <u>et</u>, ball<u>et</u>**

	Stumm	Hörbar
1. Endkonsonannten sind meistens	☐	☐
2. -x / - s / - t / - d am Ende des Wortes sind meistens	☐	☐
3. - r / - l / - c sind aber oft	☐	☐

7. La liaison – Die Bindung 24

Hören Sie sich die folgenden Wörter genau an und achten Sie dabei besonders auf die Liaison.

Liaison nennt man die gesprochene Bindung zwischen zwei Wörtern. Sie wird gemacht, indem der letze Konsonant eines Wortes (den man sonst nicht aussprechen würde) mit dem Anfangsvokal des nächsten Wortes verbunden und dadurch hörbar wird. Das -s wird dabei stimmhaft, so dass sich **les enfants** anhört wie "**lezanfant**".

OBLIGATORISCHE LIAISONS

Zwischen Artikel und Substantiv und zwischen Subjektpronomen und Verb:

1. les‿enfants
2. un‿architecte
3. des‿artistes
4. nous‿aimons
5. vous‿avez
6. elles‿adorent

VERBOTENE LIAISONS

Keine Liaison (u.a.) nach **et**:

7. Voilà Éric et Anna.

8. Weiblich? Männlich? 25

Lesen Sie die Grundregel, sowie die besonderen Fälle. Ergänzen Sie dann die Tabelle unten mit der entsprechenden Form. Überprüfen Sie Ihre Lösung mit der CD und sprechen Sie die Paare nach.

(männlich) = ADJEKTIV

(weiblich) = ADJEKTIV + e

BILDUNG

Die weibliche Form des Adjektives (oder der Berufsbezeichnung) bildet man, indem man an die männliche Forme ein **-e** anhängt.

AUSSPRACHE

Durch das **-e** wird ein **stummer** Endkonsonnant (männliche Form) **hörbar** (weiblich Form).

Il est charmant.

Elle est charmant<u>e</u>.

Il est ...	**Elle est ...**
1. espagnol.	______
2. allemand.	______
3. anglais.	______
4. suisse.	______
5. avocat.	______
6. musicien.	______
7. peintre.	______
8. ______.	médecin.
9. ______.	coiffeuse.
10. ______.	boulangère.

BESONDERE FÄLLE

Wörter auf **- e**: keine Änderung
Il est russ<u>e</u>. - Elle est russ<u>e</u>.

Wörter auf **-ien**: **-ien > -ienne**
Il est ital<u>ien</u>. - Elle est ital<u>ienne</u>.

Wörter auf **-eur**: **-eur > -euse**
Il est coiff<u>eur</u>. - Elle est coiff<u>euse</u>

Einige Berufe sind unveränderlich:
le / la médecin

LÖSUNGEN

6. 1.A, 2.A, 3.B

8. 1. espagnole, 2. allemande, 3. anglaise, 4. suisse, 5. avocate, 6. musicienne, 7. peintre, 8. médecin, 9. coiffeur, 10. boulanger

9. Verben auf -er

A. Lesen Sie die Sätze und ergänzen Sie die Verbtabellen von **parler** (*sprechen*), **aimer** (*lieben, mögen*) und **habiter** (*wohnen*).

Ils parlent allemand.

J'habite à Nice.

Nous aimons l'art.

Il aime le cinéma.

Vous habitez où ?

Tu parles français ?

TOLLE SACHE !

Rund 90 % der französischen Verben sind Verben auf **-er**.
Diese Verben sind **regelmäßig.**
Die einzige Ausnahme ist **aller** (*gehen / fahren*).

	PARLER	AIMER	HABITER
je / j'	parle	aime	**5.** ______
tu	**1.** ______	aimes	habites
il / elle	parle	**3.** ______	habite
nous	parlons	**4.** ______	habitons
vous	parlez	aimez	**6.** ______
ils / elles	**2.** ______	aiment	habitent

B. Hören Sie sich die Verbkonjugation von **adorer** an und vervollständigen Sie die Ausspracheregel. **26**

REGELMÄSSIG

adorer *lieben, toll finden*

j'	**ador-e**
tu	**ador-es**
il / elle	**ador-e**
nous	**ador-ons**
vous	**ador-ez**
ils / elles	**ador-ent**

	A STUMM	B HÖRBAR
1. Die Endungen -e, -es, -ent sind	☐	☐
2. Die Endungen -ons, -ez sind	☐	☐

Das Pronomen **je** wird zu **j'** vor einem Vokal und häufig vor einem h.
Beispiele: **J'aime. / J'habite.**

10. Questions ? - Fragen?

A. Lesen Sie die Fragen. Finden Sie die passenden Antworten und ergänzen Sie sie mit den konjugierten Verben.

FRAGEN BILDEN

Fragen ohne Fragewort kann man im Französischem einfach bilden, indem man die Wortstellung beibehält und mit der Stimme leicht nach oben geht.

AUSSAGESATZ	INTONATIONSFRAGE
Il parle allemand.	Il parle allemand ?

1. Tu aimes la bière ? (Bier)
2. Vraiment ? Ils adorent les films français ?
3. Ils sont anglais ?
4. Vous parlez allemand ?
5. Marie habite où ?
6. Tu es d'où ?

OÙ ? = *WO?*

D'OÙ ? = *WOHER?*

De (*aus / von*) wird zu **d'** vor einem Vokal.
Vous êtes de Nice ou d'Aix-en-Provence ?

___ A (être) Je ________ de Toulouse.

___ B (aimer) Oh oui, j' ________ beaucoup la bière.

___ C (parler) Non. Je ne ________ pas allemand.

___ D (être) Oui, c' ________ ça. Ils ________ de Liverpool.

___ E (adorer) Oui, ils ________ Juliette Binoche.

___ F (habiter) Elle ________ Paris.

B. Lesen Sie die Fragen und Antworten laut und hören Sie sich anschließend die Minidialoge auf der CD an. 27

LÖSUNGEN

9. A. 1. parles, 2. parlent, 3. aime, 4. aimons, 5. habite, 6. habitez

9. B. 1.A, 2.B

10. A. 1.B aime, 2.E adorent, 3.D est, sont, 4.C parle, 5.F habite, 6.A suis

11. Der unbestimmte Artikel 28

Sehen Sie sich die Beispiele zum unbestimmten Artikel an. Ergänzen Sie dann bei den Substantiven unten den unbestimmten Artikel **un**, **une** oder **des** und hören Sie sich die Beispiele anschließend an.

WEIBLICH **MÄNNLICH**

SINGULAR

une femme

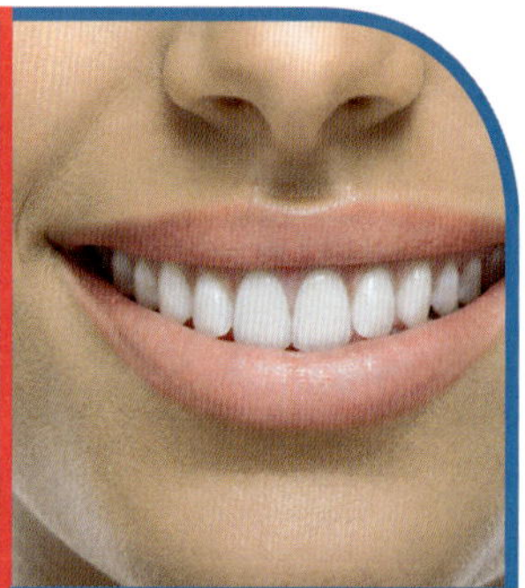

un sourire

AUSSPRACHE

Sprechen Sie **un** wie in **vin**, als Nasalvokal, wobei das **n** stumm bleibt. Steht **un** vor Vokal oder stummem h so wird der Buchstabe **n** durch die Liaison hörbar: **un‿enfant**. Ebenso wird auch bei **des** eine Liaison vor Vokal oder stummem h gesprochen: **des‿enfants**.

ACHTUNG!

Im Französischen gibt es auch im Plural einen unbestimmten Artikel.

J'ai un rendez-vous.

Ich habe einen Termin.

J'ai des rendez-vous.

Ich habe Termine.

des admirateurs Verehrer

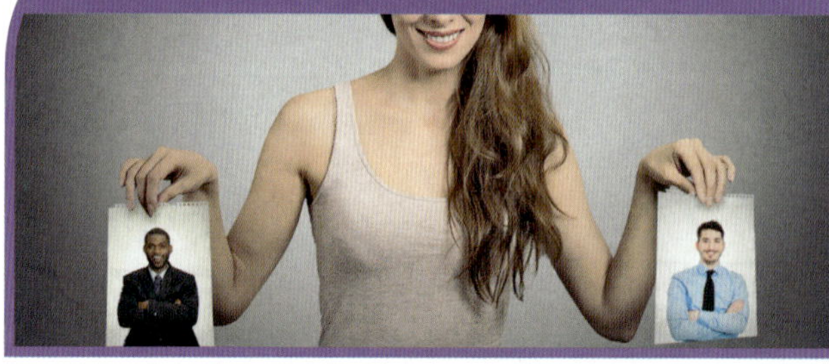

PLURAL

1. ______ camembert	**5.** ______ homme
2. ______ femme	**6.** ______ architectes
3. ______ enfants	**7.** ______ orange
4. ______ musées	**8.** ______ génies

12. Das Verb avoir (*haben*) 29

Ergänzen Sie die Konjugationstabelle mit den fehlenden Verbformen. Prüfen Sie anschließend mit der CD.

Vous avez un costume original ...

Oui. J'ai un faible pour la mode.

UNREGELMÄSSIG

avoir *haben*

j'	**1.** ____________
tu	**as**
il / elle	**a**
nous	**avons**
vous	**2.** ____________
ils / elles	**ont**

13. Die Verneinung

Lesen Sie die Regel und ergänzen Sie den Text unten mit der passenden Form der Verben **aimer**, **parler** und **être** und der Verneinung.

ne / n' — **VERB** — **pas**

Die Verneinung besteht aus zwei Elementen: **ne** und **pas**. Diese umschließen das konjugierte Verb. **Ne** wird vor Vokal zu **n'**.

Widersprüche

Les contradictions des Français:

Les Français aiment parler politique et travail (*Arbeit*), mais ils **1.** ____________ parler argent (*Geld*). Ils adorent voyager (*reisen*) mais ils **2.** ____________ bien anglais.

Ils sont arrogants mais ils **3.** ____________ désagréables (*unangenehem*) !

LÖSUNGEN

11. 1.un, 2. une, 3. des, 4. des, 5. un, 6. des, 7. une, 8. des

12. 1. ai, 2. avez

13. 1. n'aiment pas, 2. ne parlent pas, 3. ne sont pas

Herkunft und Wohnort

Vous êtes d'où ?	*Woher sind Sie?*
Je suis de Nice.	*Ich bin aus Nizza.*
Vous habitez où ?	*Wo wohnen Sie?*
J'habite à Paris.	*Ich wohne in Paris.*

Beruf

l'architecte	*Architekt*
l'artiste	*Künstler*
l'avocat	*Rechtsanwalt*
le boulanger	*Bäcker*
le coiffeur	*Frisör*
l'étudiant	*Student*
le médecin	*Arzt*
le peintre	*Maler*
le professeur	*Lehrer*
le secrétaire	*Sekretär*

Sprachen und Nationalitäten

allemand	*Deutsch*
anglais	*Englisch*
chinois	*Chinesisch*
espagnol	*Spanisch*
français	*Französisch*
italien	*Italienisch*
russe	*Russisch*
suisse	*Schweizer*
Je suis français(e).	*Ich bin Franzose. / Französin.*
Je parle allemand.	*Ich spreche Deutsch.*

le musicien
der Musiker

Vorlieben

J'aime...	*Ich mag ...*
J'adore...	*Ich liebe ...*
Je n'aime pas...	*Ich mag nicht ...*
aimer + le, la, l', les	
J'aime le vin.	*Ich mag Wein.*

MEIN MINDMAP

Erstellen Sie Ihr eigenes Mindmap mit den Informationen, die für Sie wichtig sind. Sie können das Mindmap im Laufe der Lektionen immer um neue Begriffe erweitern bzw. zu jedem Themenfeld ein neues Mindmap erstellen, um sich den Wortschatz besser einzuprägen.

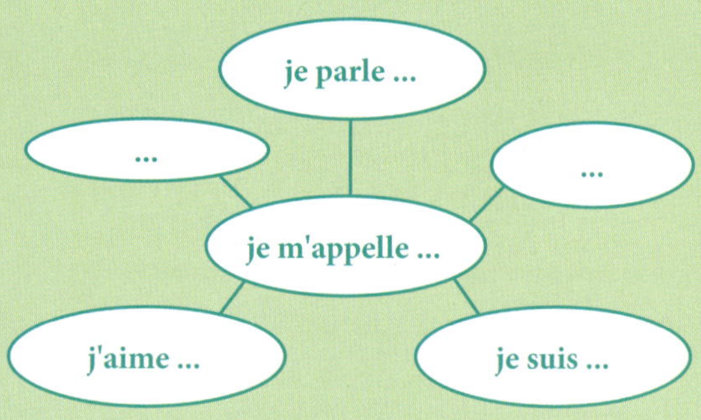

3. Le temps libre

Sind die Franzosen Weltmeister der Freizeit? Frankreich war das erste Land, das Urlaubsgeld gezahlt hat. Und 1981 gab es sogar ein französisches Freizeitministerium! Das heißt jedoch keinesfalls, dass Franzosen weniger arbeiten als anderen, sondern viel mehr, dass sie ihre Freizeit zu schätzen wissen. Ins Kino gehen sie mit am liebsten, vor allem in großen Städten. Aber Franzosen sind auch gerne zu Hause: Sie genießen die Zeit mit Familie und Kindern, dekorieren ihr Heim, betätigen sich handwerklich oder arbeiten im Garten.

Wortschatz / Kommunikation

- Freizeitaktivitäten
- über die Freizeit sprechen
- über das Befinden sprechen
- Wochentage

Grammatik

- die Verben **faire** und **préférer**
- der bestimmte Artikel + **de / à**
- Fragen mit **est-ce que**
- die Verneinung **pas de / pas d'**

1. Les loisirs – Freizeitaktivitäten 30

Ordnen Sie jedem Bild die passende Freizeitaktivität zu. Hören Sie sich dann die Begriffe an.

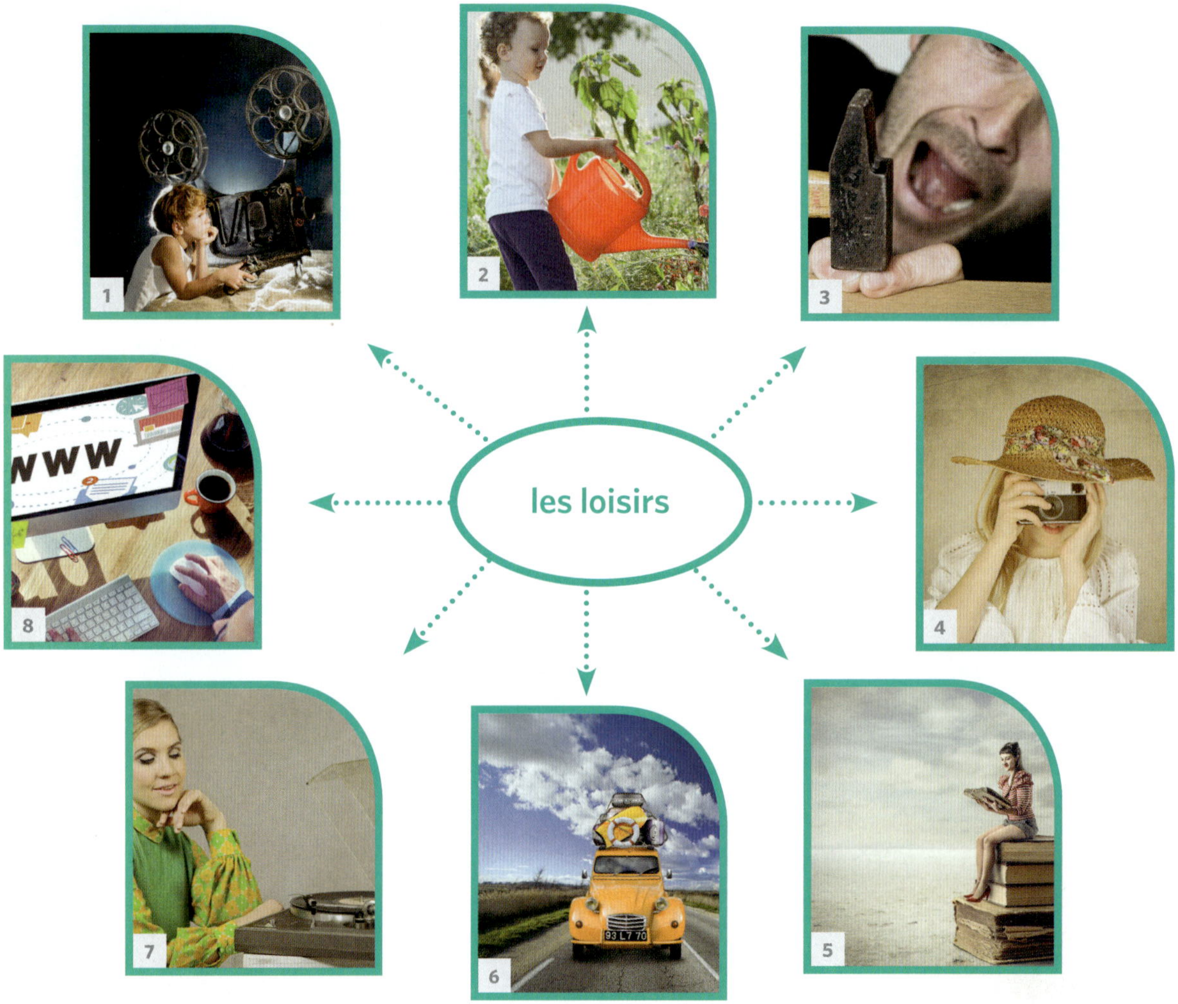

_____ A regarder des films

_____ B bricoler

_____ C faire de la photo

_____ D jardiner

_____ E naviguer sur Internet

_____ F voyager

_____ G lire

_____ H écouter de la musique

2. C'est comment ? – Wie ist das ? 31

Lesen Sie, wie man über eine Aktivität sprechen kann, positiv oder negativ. Hören Sie dann die Aussagen der Personen unten und ergänzen Sie die Sprechblasen mit den Ausdrücken, die Sie hören.

J'adore ça. C'est super.

C'est sympa / intéressant.

gut für die Stimmung
C'est bon pour le moral.

anstrengend
C'est un peu fatigant.

finde — schwierig
Je trouve **ça** difficile.

Je n'aime pas ça.

verabscheue
Je déteste **ça !**

mache
1. Je fais de la boxe.
J' ________ ça.
C'est ________ .

spielen
2. Nous, nous jouons au basket. C'est ________ , mais un peu ________ .

3. Nous jouons de la guitare.
C'est ________ .

4. Je fais du théâtre. C'est ________
mais... je trouve ça ________ !

LÖSUNGEN

1. 1.A, 2.D, 3.B, 4.C, 5.G, 6.F, 7.H, 8.E

2. 1. adore, super, 2. sympa, fatigant, 3. bon pour le moral, 4. intéressant, difficile

3. Qu'est-ce que vous faites ? – Was machen Sie (in Ihrer Freizeit)? 32

Die folgenden Personen antworten auf die Frage nach ihren Freizeitbeschäftigungen. Lesen Sie die Aussagen und listen Sie anschließend die Aktivitäten auf.

1

Ludovic

Je suis souvent (oft) devant (vor) mon ordinateur (mein Computer).

Je navigue sur Internet, ou je télécharge (lade herunter) de la musique.

J'adore aussi les jeux (Spiele) vidéo.

1. Ludovic :

naviguer sur ______

______

jouer à des ______

2

Bernard

Je suis sportif. Le mardi (dienstags), je joue au foot dans un club.

Mais le dimanche (sonntags), je préfère (bevorzuge) regarder le sport à la télé...

2. Bernard :

______

______

______

3

Léa et Fred

Nous adorons regarder des films. Des comédies, surtout (vor allem) !

C'est bon pour le moral.

3. Léa et Fred :

______

KINO IN FRANKREICH

Die Franzosen sind die Europäer, die am häufigsten ins Kino gehen. Die alljährlich im Mai stattfindenden internationalen Filmfestspiele ziehen auch viele internationale Stars und Sternchen nach Cannes.

4. Un e-mail de Mamie Simone – Eine E-Mail von Oma Simone

Mamie Simone hat eine E-Mail mit ihrem Smartphone geschrieben. Lesen Sie sie, und raten Sie, an welche Person aus der Übung 3 sie schreibt.

Mit **est-ce que** am Anfang des Satzes kann man eine Frage stellen.
Est-ce que tu viens chez moi ?
Kommst du zu mir?

nouveau message

Mon chéri,

Comment ça va ? Moi, ça va très bien ! Je suis en pleine forme (*in Hochform*) ! J'ai beaucoup de temps libre depuis (*seitdem*) que je suis à la retraite (*in Rente*). Je fais de la salsa et du cha-cha-cha. C'est un peu fatigant, mais c'est super ! Et le mardi, je joue de la trompette dans un orchestre. Et toi, qu'est-ce que tu fais ? Est-ce que tu viens chez moi (*kommst du zu mir*) dimanche ?

Mon ordinateur est en panne (*kaputt*)...

Bisous

Mamie Simone

ENVOYER

5. Comment ça va ? – Wie geht es? 33

Mit diesen Ausdrücken können Sie auf die Frage nach Ihrem Befinden antworten. Hören Sie die Begriffe und ordnen Sie diese in der Skala von sehr schlecht bis sehr gut ein.

1. Comme ci comme ça.
2. Ça va, ça va.
3. Ça va très bien !
4. Ça va mal...

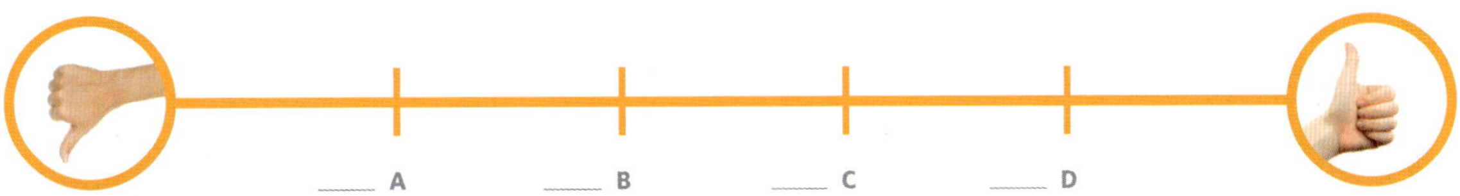

Je suis en pleine forme !

LÖSUNGEN

3. 1. naviguer sur Internet, télécharger de la musique, jouer à des jeux vidéos
2. jouer au foot, regarder le sport à la télé
3. regarder des films

4. Ludovic

5. 1.B, 2.C, 3.D, 4.A

6. Das Verb faire *(machen, tun)*

A. Lesen Sie den kurzen Dialog und ergänzen Sie die Verbformen in der Tabelle. Hören Sie sich anschließend die gesamte Konjugation von **faire** an. 34

Vous faites du sport ?

Oui. Mais nous faisons une petite pause.

UNREGELMÄSSIG

faire *machen, tun*

je	**fais**
tu	**fais**
il / elle	**fait**
nous	**1.** ________
vous	**2.** ________
ils / elles	**font**

FAIRE + AKTIVITÄT

› **faire +** unbestimmter Artikel (**un / une / des**) bei allem, was man zählen kann, z.B.
Je fais un exercice. *Ich mache eine Übung.*

› **faire + de +** bestimmter Artikel (**le / la / l' / les**) bei allem, was man nicht zählen kann, z.B.
Je fais de la musique. *Ich mache Musik.*
Je fais de l'aïkido. *Ich mache Aikido.*

B. Ergänzen Sie die Sätze mit den passenden Formen von **faire**. 35

2. Ils ________ de la photo.

1. Vous ________ de l'aquafitness.

3. Et moi, je ________ un château de cartes.

7. Das Verb préférer (*vorziehen*) 36

Ergänzen Sie die Verbformen von **préférer** (*vorziehen, lieber mögen*). Achten Sie auf das zweite **e**, es ändert seinen Akzent im Singular und in der dritten Person Plural . Hören Sie sich anschließend die Konjugation an.

Pour les vacances, nous préférons voyager.

In den Ferien verreisen wir lieber.

J'aime le sport mais... je préfère le sport à la télé.

Ich mag Sport, aber ... ich bevorzuge den Sport im Fernsehen.

REGELMÄSSIG

préférer	*vorziehen*
je	**1.** ____________
tu	**préfères**
il / elle	**préfère**
nous	**2.** ____________
vous	**préférez**
ils / elles	**préfèrent**

8. Question de goût ! – Geschmackssache!

Lesen Sie die Regel und ergänzen Sie die Sätze mit den Satzelementen rechts.

aimer / adorer / préférer	
+ le, la, l', les + Substantiv J'aime le sport.	+ Verb im Infinitiv J'aime regarder la télé.

1. J'aime ________________________________.

2. J'adore ________________________________.

3. Mais je préfère ___________________________.

voyager

zu Hause bleiben
rester à la maison

feiern
faire la fête

LÖSUNGEN

6. A. 1. faisons, 2. faites
6. B. 1. faites, 2. font, 3. fais
7. 1. préfère, 2. préférons
8. 1. faire la fête, 2. voyager, 3. rester à la maison

9. Der bestimmte Artikel + à / de

A. Die Artikel **le** und **les** werden mit den Präpositionen **à** und **de** zusammengezogen und verschmelzen zu **au** und **aux** bzw. **du** und **des**. Die Artikel **la** und **l'** bleiben jedoch unverändert: **à la**, **à l'**, **de la**, **de l'**.

à + **le** = **au** Il joue **au** foot.

à + **les** = **aux** Il joue **aux** cartes.

ABER

Elle joue à la pétanque. *Sie spielt Boule.*

de + **le** = **du** Elle joue **du** violon.

de + **les** = **des** Ils jouent **des** castagnettes.

ABER

Il joue de la guitare.
Elles jouent de l'accordéon.

B. Die Präposition, die nach **jouer** folgt, hängt vom nachfolgenden Substantiv ab. Können Sie die Substantive ohne Artikel in die richtige Lücke unten einfügen?

jouer à + Sport / Spiel
jouer de + Musikinstrument

la poupée (*Puppe*) | les échecs (*Schach*) | l'accordéon | le piano | la guitare | le tennis

1. jouer au ____________

2. jouer à la ____________

3. jouer aux ____________

4. jouer de la ____________

5. jouer de l' ____________

6. jouer du ____________

Bei der Liaison wird das **-x** wie ein stimmhaftes **s** ausgesprochen, genauso wie bei der Liaison mit **-s**: **aux‿échecs**

10. Was passt zusammen? 37

Welches Verb passt zu welcher Aktivität? Achten Sie dabei auch auf die Präpositionen und Artikel. Mehrere Antworten sind richtig. Dann hören Sie sich die Wendungen an und vergleichen Sie.

ÜBER SEINE FREIZEIT SPRECHEN

- **faire de la / de l' / du / des +** Aktivität allgemein
  Je fais de la boxe. / Je fais du théâtre.
- **jouer à la / à l' / au / aux +** Sportarten / Spiele
  Nous jouons au basket. / Ils jouent aux cartes.
- **jouer de la / de l' / du / des +** Instrument
  Nous jouons de la guitare.

un film

la télé

de l'accordéon

à la pétanque

des photos

de la peinture

un voyage

de la trompette

1. Je regarde ____________________.
2. Tu fais ____________________.
3. Nous jouons ____________________.
4. Elles téléchargent ____________________.

LÖSUNGEN

9. 1. au tennis, 2. à la poupée, 3. aux échecs, 4. de la guitare, 5. de l'accordéon, 6. du piano

10. 1. A, B, E, 2. A, C, E, F, G, H, 3. C, D, H, 4. A, E

11. Les jours de la semaine – Die Wochentage 38

Hören Sie sich die Wochentage an und nummerieren Sie sie in der richtigen Reihenfolge.

2. mardi

___ mercredi

1. lundi

___ vendredi

___ dimanche

___ jeudi

___ samedi

samedi
+
dimanche
=

le dimanche
= *Sonntags / jeden Sonntag*

dimanche
= *am Sonntag*

Le dimanche, je joue aux cartes avec des amis. Mais dimanche, ils ne sont pas là. Je joue à des jeux vidéos à l'ordinateur.

Ich spiele jeden Sonntag mit Freunden Karten. Aber diesen Sonntag sind sie nicht da. Ich spiele Videospiele am Computer.

LA DATE

Auf Französisch wird das Datum mit dem Pronomen **nous** und dem Verb **être** angegeben. Dabei werden im Französischen die Grundzahlen verwendet und nicht die Ordnungszahlen, einzige Ausnahme: *der Erste* **le premier**.

Aujourd'hui, nous sommes lundi 15 mai.

Heute haben wir Montag den 15. Mai.

12. Die Frage mit est-ce que

A. Sie haben bereits gelernt, dass man eine Frage mit Hilfe der Intonation stellen kann. Im Französischen gibt es außerdem noch die Fragestellung mit est-ce que. Lesen Sie zuerst die Regel.

Die Fragestellung mit est-ce que ist eigentlich ganz einfach: est-ce que wird vor den Aussagesatz gestellt.

Est-ce que wird vor einem Vokal zu est-ce qu'.

Est-ce qu'elle aime la musique ?
Mag sie Musik?

AUSSAGESATZ
Tu aimes travailler à l'ordinateur.

INTONATIONSFRAGE
Tu aimes travailler à l'ordinateur ?

FRAGE MIT EST-CE QUE
Est-ce que tu aimes travailler à l'ordinateur ?
Arbeitest du gern am Computer?

B. In einem Interview antwortet Isabelle auf die Fragen nach Ihren Freizeitaktivitäten. Bilden Sie zu den Antworten die passenden Fragen mit est-ce que. Prüfen Sie mit der CD. 39

1. Est-ce que vous jouez du violon ?

› Oui, je joue du violon.

2. ____________________ ?

› Non, je ne bricole pas.

3. ____________________ ?

› Oui, j'aime lire.

4. ____________________ ?

› Oui, je fais du sport. J'adore ça.

5. ____________________ ?

› Non, je ne voyage pas beaucoup.

6. ____________________ ?

› Oui, je fais de la photo.

AUSSPRACHE

Es sieht schriftlich komplizierter aus als es klingt !
Sprechen Se est-ce que "äskö" und est-ce qu' "äsk" aus.

LÖSUNGEN

11. 3. mercredi, 4. jeudi, 5. vendredi, 6. samedi, 7. dimanche

12. B. 2. Est-ce que vous bricolez ? 3. Est-ce que vous aimez lire ? 4. Est-ce que vous faites du sport ? 5. Est-ce que vous voyagez beaucoup ? 6. Est-ce que vous faites de la photo ?

Fragen nach dem Befinden

Comment ça va ?	*Wie geht es ?*
Ça va très bien.	*Es geht sehr gut.*
Je suis en pleine forme.	*Ich bin in Hochform.*
Comme ci comme ça.	*So lala.*
Ça va mal.	*Es geht schlecht.*

Aujourd'hui, nous sommes vendredi 13.

Heute haben wir Freitag, den 13.

Wochentage

lundi	*Montag*	**vendredi**	*Freitag*
mardi	*Dienstag*	**samedi**	*Samstag*
mercredi	*Mittwoch*	**dimanche**	*Sonntag*
jeudi	*Donnerstag*		

Freizeitaktiviäten

bricoler	*basteln / heimwerken*
jardiner	*gärtnern*
naviguer sur Internet	*im Internet surfen*
regarder la télé	*fernsehen*
regarder un film	*einen Film ansehen*
lire	*lesen*
écouter de la musique	*Musik hören*
faire un voyage	*eine Reise machen*
faire de la peinture	*malen*
faire de la photo	*fotografieren*
faire de la boxe	*boxen*
jouer de la trompette	*Trompete spielen*
jouer au tennis	*Tennis spielen*
jouer aux cartes	*Karten spielen*
jouer au foot	*Fußball spielen*

Je préfère regarder des comédies.

Ich schaue lieber Komödien an.

Über eine Aktivität sprechen

J'adore ça.	*Ich liebe es!*
C'est intéressant.	*Das ist interessant.*
C'est difficile.	*Das ist schwierig.*
C'est fatigant.	*Das ist anstrengend.*
Je trouve ça super.	*Ich finde es toll.*
Je déteste ça.	*Ich verabscheue es.*

UND WAS MACHEN SIE ?

Schreiben Sie auf, was Sie in Ihrer Freizeit tun. Wenn Ihnen Wörter fehlen, können Sie diese unter www.pons.de nachschlagen. Man lernt besser, wenn man die Fremdsprache mit den eigenen Erfahrungen verbindet.

4. Vie quotidienne

Der französische Alltag hat neben den klassischen Ritualen auch einige Besonderheiten. Die Franzosen arbeiten von circa 8.30 oder 9.00 Uhr bis 17.30 oder 18.00 Uhr. Die Mittagspause dauert eine gute Stunde und man isst im Restaurant oder in der Kantine. Beim Mittagessen ist es nicht ungewöhnlich, sich ein Glas Wein zu gönnen. Auch der Tagesablauf der französischen Kinder ist ähnlich, da sie in Ganztagesschulen gehen. Abends wird mit der Familie gekocht und um circa 19.30 Uhr wird warm gegessen und auch das meist in drei Gängen, wenn auch natürlich einfacher als im Restaurant.

Wortschatz / Kommunikation

- den Tagesablauf schildern
- über Gewohnheiten sprechen
- alltägliche Aktivitäten
- die Zahlen von 20 bis 69
- die Uhrzeit angeben

Grammatik

- die Zeitadverbien
- die Reflexivverben und die Reflexivpronomen
- die Inversionsfrage
- das Fragewort **quel**
- das Verb **prendre**

1. La journée - der Tagesablauf 40

Wann machen Sie was? Ordnen Sie die Aktivitäten den vier Tagesabschnitten zu. Überprüfen Sie dann mit der CD.

1. le matin
vormittags

___ / D / ___

2. à midi
mittags

___

3. l'après-midi
nachmittags

___

4. le soir
abends

___ / ___

A
se réveiller

B
se coucher

C
dîner

D
prendre une douche

E
faire une sieste

F
manger à la cantine

G
prendre le petit-déjeuner

2. Les habitudes - die Gewohnheiten

A. Hören Sie zu, wie diese Person ihren Alltag schildert und wie häufig sie etwas tut. Sie können anschließend auch unten mitlesen. **41**

toujours	100 %
souvent	75 %
parfois	50 %
rarement	25 %
jamais	0 %

DEN ALLTAG SCHILDERN

Im Allgemeinen … *stehe auf* … *Uhr*
En général, **le matin, je** me lève **à 6** heures.
kalt
Je prends toujours une douche froide.

klein
Souvent, à midi, je mange une petite **salade.**

L'après-midi, je travaille. Parfois, je fais une sieste.

nach
Le soir, je me couche rarement après **22 heures 30.**

B. Ergänzen Sie die Lücken mit den Zeitadverbien, die Sie hören. **42**

NACH GEWOHNHEITEN FRAGEN

› Tu te lèves **1.** ____________ après 10 heures le matin ?

› Non, **2.** ____________ !

› Tu manges **3.** ____________ au restaurant ?

› Oui, mais **4.** ____________ .

LÖSUNGEN

1. 1.A, G, 2. F, 3. E, 4. B, C

2. 1. souvent, 2. jamais, 3. parfois, 4. rarement

3. À quelle heure ? - Um wie viel Uhr? 43

Eine Frau schildert ihren Tagesablauf. Hören Sie sich den Ablauf an und verbinden Sie die Aktivitäten mit den Uhrzeiten.

1 **Elle mange à la cantine.**

2 **Elle prend un café.**

3 **Elle travaille au bureau.**

4 **Elle rentre à la maison.**

5 **Elle retrouve des amies.**

6 **Elle fait les courses.**

7 **Elle regarde la télé.**

____ A À 8 heures.

____ B De 9 heures à midi.

____ C À midi.

____ D À 17 heures.

____ E À 18 heures.

____ F Parfois, vers 20 heures.

____ G Jusqu'à 23 heures.

4. Chacun son rythme ! - Jedem seinen Rythmus 44

Lesen Sie die Beschreibungen der Tagesabläufe und finden Sie heraus, zu welcher Person welcher Tagesablauf passt.

1 Marc, chauffeur de taxi

2 Solange, étudiante

3 José, sportif professionnel

___ **A** Je me lève toujours à 6 heures 30 et je fais un jogging. Le matin, je suis à

Training / Danach

l'entraînement de 8 heures à midi. Ensuite, en général, je mange.

trainiere

L'après-midi, je m'entraîne encore.

Le soir, je reste à la maison avec ma femme.

wenn / Unterricht

___ **B** Le matin, quand je n'ai pas cours, je me réveille vers 10 heures et je prends le petit-déjeuner

meine Mitbewohner

avec mes colocataires.

Souvent, l'après-midi, je travaille à la bibliothèque.

Le soir, je retrouve des amis dans des cafés ou je rentre à la maison.

vor Mitternacht

Je me couche rarement avant minuit.

Nacht / bis

___ **C** Moi, je travaille la nuit jusqu'à 4 heures du matin. Je me couche à 5 heures et je me réveille à 13 ou 14 heures.

L'après-midi, je regarde parfois la télé ou j'écoute la radio.

AUSSPRACHE

J'ai cours. [kur] *Ich habe Unterricht.*

Je fais les courses. [kurs] *Ich kaufe ein.*

LÖSUNGEN

3. 1.C, 2.A, 3.B, 4.E, 5.F, 6.D, 7.G

4. 1.C, 2.B, 3.A

5. Die Zahlen von 20 bis 69

A. Hören Sie sich die Zahlen bis 29 an und lesen Sie sie mit. Sprechen Sie sie nach. 45

20	vingt	23	vingt-trois	26	vingt-six	29	vingt-neuf
21	vingt et un	24	vingt-quatre	27	vingt-sept		
22	vingt-deux	25	vingt-cinq	28	vingt-huit		

B. Können Sie die fehlenden Zahlen aufschreiben? Überprüfen Sie Ihre Antworten mit der CD. 46

30	trente	40	________	50	cinquante	60	________
33	trente-trois	41	quarante et un	51	________	65	________
34	________	46	________	57	________	69	soixante-neuf

C. Hören Sie zu und verbinden Sie die Zahlen in der genannten Reihenfolge. Beginnen Sie bei der 21 in der Mitte. Welche französische Köstlichkeit erscheint ? 47

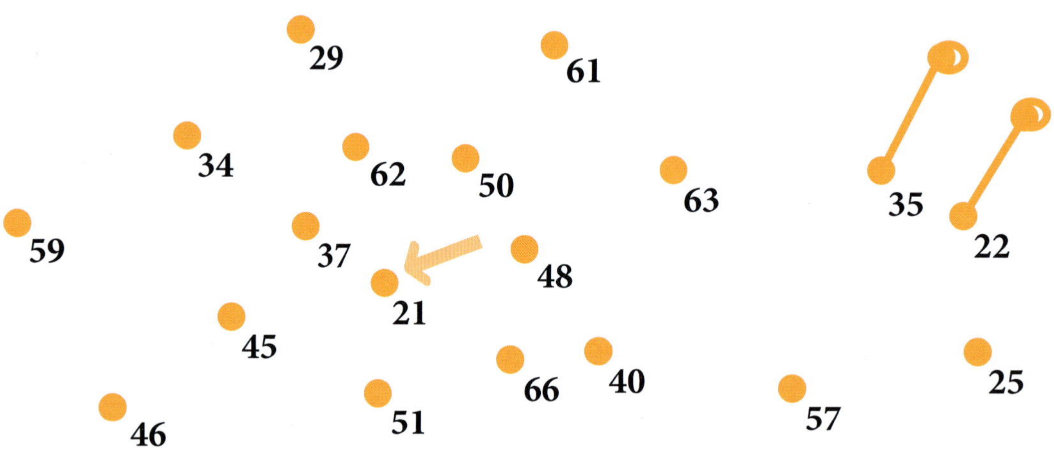

6. Die Reflexivverben 48

Viele Verben, die alltägliche Aktivitäten beschreiben, sind im Französischen reflexiv. Ein Reflexivverb wird mit einem Reflexivpronomen gebildet: **je me douche** - *ich dusche mich*. Hören Sie sich die Konjugation von **se réveiller** an und lesen Sie mit.
Finden Sie dann das richtige Pronomen und die richtige Verbform der weiteren Reflexivverben.

REFLEXIVES VERB

se réveiller *aufwachen*

je	**me**	réveille
tu	**te**	réveilles
il / elle	**se**	réveille
nous	**nous**	réveillons
vous	**vous**	réveillez
ils / elles	**se**	réveillent

Vor einem Vokal werden **me**, **te**, **se** zu **m'**, **t'**, **s'**.

se coiffer

4. Elle ______________ .

se doucher

1. Tu ______________ .

se maquiller

5. Je ______________ .

s'habiller

2. Vous ______________ ______________ .

se laver (les dents)

6. Nous ______________ les dents.

se coucher

3. Ils ______________ .

LÖSUNGEN

5. B. 34 trente-quatre, 40 quarante, 46 quarante-six, 51 cinquante et un, 57 cinquante-sept, 60 soixante, 65 soixante-cinq

5. C. eine Schnecke

6. 1. te douches, 2. vous habillez, 3. se couchent, 4. se coiffe, 5. me maquille, 6. nous lavons

7. L'heure - die Uhrzeit 49

Auf welcher Zahl muss der große Zeiger stehen, damit die unten angegebene Uhrzeit angezeigt wird? Ordnen Sie die passenden Minuten zu. Hören Sie sich dann die Ausdrücke an.

Nach der Uhrzeit fragen

Quelle heure est-il ?
Vous avez l'heure, s'il vous plaît ?

DIE INVERSIONSFRAGE

In einer Inversionsfrage werden Subjektpronomen und Verb vertauscht. Sie ist allerdings nicht sehr häufig und wird eher formell und schriftlich verwendet. Eine Ausnahme ist allerdings die Frage nach der Uhrzeit.
Quelle heure est-il ?

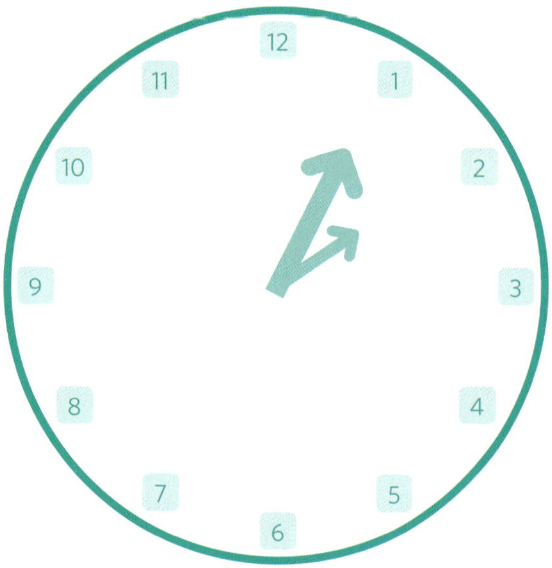

____ **A** Il est 2 heures.
_1_ **B** Il est 2 heures cinq.
____ **C** Il est 2 heures vingt.
____ **D** Il est 2 heures trente cinq.
= Il est 3 heures moins vingt-cinq.
____ **E** Il est 2 heures cinquante.
= Il est 3 heures moins dix.

Fragen, um wie viel Uhr etwas ist

C'est à quelle heure ?
C'est quand ?

- **Il travaille à quelle heure ?**
- **Il travaille à 8 heures.** *(um 8 Uhr)*
- **Il travaille de quelle heure à quelle heure ?**
- **Il travaille de 8h00 à 17h00.** *(von 8 Uhr bis 17 Uhr)*

8. Offizielle Zeit und Umgangsprache

A. Sehen Sie, wie viel Uhr es ist und hören Sie sich die Uhrzeit an. 50

1

ein Uhr
Il est une heure.

2

viertel nach eins
Il est une heure et quart.

3

halb zwei
Il est une heure et demie.

4

viertel vor eins
Il est une heure moins le quart.

5

12:00
Il est midi.

6

0:00
Il est minuit.

B. Schreiben Sie die offizielle Uhrzeit und die umgangsprachliche Uhrzeit neben die Uhren. Prüfen Sie mit der CD. 51

		OFFIZIELL	UMGANGSPRACHLICH
1	13:15	treize heures quinze	une heure et quart
2	11:50		
3	00:30		
4	10:45		

LÖSUNGEN

7. 12.A, 1.B, 4.C, 7.D, 10.E

8. B. 2. onze heures cinquante, midi moins dix,
3. zéro heure trente, minuit et demie
4. dix heures quarante-cinq, onze heures moins le quart

9. Das Fragewort quel 52

Um nach dem Datum oder der Uhrzeit zu fragen, brauchen Sie das Fragepronomen **quel** (*welche, -r, -s*), das vier Formen hat, je nach Geschlecht und Zahl. Ergänzen Sie die Fragen unten mit der passenden Form von **quel** und verbinden Sie anschließend die Fragen mit der passenden Antwort. Diese Minidialoge können Sie dann auf der CD hören.

	quel	quels
	quelle	quelles

BEISPIELE

un homme > quel homme ?
une femme > quelle femme ?
des hommes > quels hommes ?
des femmes > quelles femmes ?

SICH NACH DER UHRZEIT UND DEM DATUM ERKUNDIGEN

1. ______ jour nous sommes aujourd'hui ?
2. ______ jours tu ne travailles pas ?
3. À ______ heure tu dînes le soir ?
4. ______ sont les heures d'ouverture (Öffnungszeiten) du bureau ?

le jour
der Tag

Quel jour ?
Welcher Tag?

____ A Le bureau est ouvert (geöffnet) de 8 heures à 18 heures.
____ B Nous sommes lundi.
____ C Le samedi et le dimanche.
____ D À 19 heures.

10. Das Verb prendre (*nehmen*) 53

A. Ergänzen Sie die Verbformen von **prendre** mit Hilfe der Sprechblasen. Hören Sie sich anschließend die gesamte Verbkonjugation an.

UNREGELMÄSSIG

prendre *nehmen*

je	**1.** ______
tu	**2.** ______
il / elle	**prend**
nous	**prenons**
vous	**prenez**
ils / elles	**prennent**

Le matin, tu prends une douche ou un bain (Bad) ?

Moi ? Je prends un bain. Je préfère...

B. Setzen Sie das Verb **prendre** in der richtigen Form ein.

Statistiques:

25 % des Français ne **1.** ______ pas de petit-déjeuner.

Un Français sur cinq ne **2.** ______ pas une douche chaque jour (jeden Tag).

Et vous, vous **3.** ______ toujours une douche ou un bain ?

LÖSUNGEN

9. 1.B quel, 2.C quels, 3.D quelle, 4.A quelles

10. A. 1. prends, 2. prends

10. B. 1 prennent, 2. prend, 3. prenez

Quelle heure est-il ?
Wie viel Uhr ist es ?

Die Zahlen von 20 bis 69

20	vingt	30	trente
21	vingt et un	40	quarante
22	vingt-deux	50	cinquante
29	vingt-neuf	60	soixante

Die Uhrzeit

1:00 .... Il est une heure.
2:10 .... Il est deux heures dix.
3: 50 ...... Il est quatre heures moins dix.
12:00 ..... Il est midi.
00:00 .... Il est minuit.
5:15 .... Il est cinq heures et quart.
6:30 .... Il est six heures et demie.
7:45 .... Il est huit heures moins le quart.

Quelles sont les heures d'ouverture ?
Was sind die Öffnungszeiten?

Den Tagsablauf schildern

se réveiller	*aufwachen*
se doucher	*duschen*
se coiffer	*sich kämmen*
s'habiller	*sich anziehen*
se laver (les dents)	*sich waschen, (die Zähne) putzen*
prendre le petit-déjeuner	*frühstücken*
manger à la cantine	*in der Kantine essen*
dîner	*abendessen*
retrouver des ami(e)s	*sich mit Freunden treffen*
se coucher	*ins Bett gehen*

Zeitangaben

le matin	*Vormittag*
l'après-midi	*Nachmittag*
le soir	*Abend*
la nuit	*Nacht*
toujours	*immer*
souvent	*oft*
parfois	*manchmal*
rarement	*selten*
jamais	*nie*
en général	*im Allgemeinen*

MEIN TAGESABLAUF

Sie haben sicher auch einige Gewohnheiten. Schreiben Sie drei Handlungen, die Sie *immer* **(toujours)**, *oft* **(souvent)**, *manchmal* **(parfois)** *selten* **(rarement)** oder *nie* **(jamais)** machen.

5. Au marché

In Frankreich finden in vielen Dörfern oder Städten Wochenmärkte statt. Dort kann man typische Produkte der Region (Obst und Gemüse, aber auch Käse, Wurst, Brot etc.) zu günstigen Preisen erwerben. Der Ausdruck **bon marché** bedeutet *günstig*. Einige Märkte sind landesweit berühmt, wie z.B. der **Blumenmarkt in Nizza**, der Markt von **Wazemmes in Lille**, der größte Markt in Nordfrankreich, dessen Stimmung an einen arabischen Suq erinnert, oder der Markt in **Apt**, einer der ältesten Märkte in der Provence, der seit Anfang des 16. Jahrhunderts stattfindet.

Wortschatz / Kommunikation

- Lebensmittel einkaufen
- Geschäfte
- nach dem Preis fragen
- die Zahlen von 70 aufwärts
- Mengenangaben

Grammatik

- die Verben **acheter** und **aller**
- die Präpositionen **à** und **chez**
- Mengenangaben und Teilungsartikel
- Fragen mit Fragewörtern

1. Les aliments - Lebensmittel ⊙ 54

Ordnen Sie den Lebensmitteln den passenden französischen Begriff zu. Einige Lösungen sind schon vorgegeben. Hören Sie dann die Wörter und sprechen Sie sie nach.

____ A les champignons	5 E le miel	____ I le chocolat	____ M le poisson
2 B le pain complet	15 F le lait	____ J les bananes	____ N les carottes
3 C les pommes de terre	____ G les tomates	____ K la baguette	11 O les pommes
____ D l'aubergine	____ H le citron	____ L le poulet	13 P les œufs

2. Où trouvez-vous... – Wo finden Sie ...? 55

Ordnen Sie die Lebensmittel aus Übung 1 dem jeweiligen Geschäft zu, in dem man sie kaufen kann.

à la boulangerie

1. les croissants
2. la baguette
3. le ____

à la boucherie

4. les saucisses
5. le ____

à la fromagerie

6. le fromage (Käse)
7. le ____
8. les œufs
9. les yaourts (Joghurt)

chez le marchand de fruits et légumes

10. les ____ ____
11. l' ____
12. les ____
13. le ____
14. les ____
15. les ____
16. les ____

à la poissonnerie

17. les fruits de mer (Meersfrüchte)
18. le ____

LÖSUNGEN

1. 1.K, 2.B, 3.C, 4.I, 5.E, 6.A, 7.G, 8.N, 9.D, 10.H, 11.O, 12.J, 13.P, 14.M, 15.F, 16.L
2. 3. pain complet, 5. poulet, 7. lait, 10. champignons, 11. aubergine, 12. pommes de terre, 13. citron, 14. tomates, 15. carottes, 16. pommes, 18. poisson

3. Faire les courses – Einkaufen

A. Hören Sie die Dialoge auf dem Markt. Was kaufen die Leute ? Kreuzen Sie die richtige Antwort an. 56

1. Personne 1

Il achète...

- ☐ A des œufs.
- ☐ B de la crème fraîche.

Ça coûte...

- ☐ C 2 euros 60.
- ☐ D 6 euros 60.

2. Personne 2

Elle achète...

- ☐ A du lait.
- ☐ B du fromage.
- ☐ C des yaourts.

Ça coûte...

- ☐ D 4 euros 80.
- ☐ E 5 euros.
- ☐ F 5 euros 10.

Das Wort **œuf** beinhaltet den besonderen Buchstaben: **œ**. Er wird wie ein deutsches **ö** ausgesprochen.

Merken Sie sich: die Aussprache des Wortes unterscheidet sich im Singular und im Plural: **œuf** [œf] - **œufs** [ø], also in etwa so: öf - ö.

B. Hören Sie sich die folgenden Ausdrücke an und sprechen Sie sie nach. 57

SAGEN, WAS MAN KAUFEN MÖCHTE

Une baguette, s'il vous plaît.
Je voudrais des tomates.
Je prends une salade.
Il me faut du lait.

NACH DEM PREIS FRAGEN

C'est combien ?
Ça coûte combien ?
Ça fait combien ?

IL ME FAUT

Im Dialog haben Sie gehört: **il me faut** *ich brauche*. Hier handelt es sich um eine unpersönliche Wendung, d.h. es gibt nur die 3. Person Singular: **il faut** *man braucht*, z.B. **Pour faire des crêpes il faut des œufs.** *Um Crêpes zu machen, braucht man Eier.*

Persönlicher wird der Ausdruck, wenn man das indirekte Pronomen **me** *mich* bzw. **vous** *euch/Ihnen* vor das Verb stellt. (Mehr zu diesen Pronomen erfahren Sie später.)
Qu'est-ce qu'il vous faut ? *Was brauchen Sie?*
Il me faut du lait. *Ich brauche Milch.*

SAGEN, DASS DAS ALLES IST

C'est tout.

4. Qu'est-ce qu'il vous faut ? – Was brauchen Sie? 58

Bringen Sie diesen Dialog auf dem Markt in die richtige Reihenfolge, indem Sie den Fragen und Aussagen der Verkäuferin links die Sprechblasen der Kundin rechts zuordnen. Hören Sie sich anschließend den Dialog auf der CD an.

1. Bonjour Madame.
Qu'est-ce qu'il vous faut ?

___ **A** Alors, je voudrais aussi deux fromages de chèvre.

so ein Stück
2. Oui. Un morceau comme ça, de 250 grammes ?
Ça vous va ?

vielen Dank
___ **B** Voilà. Merci beaucoup et bonne journée.

das Stück
3. C'est 2 euros la pièce.

___ **C** Je prends du fromage.
Vous avez du comté ?

4. Ça fait 7euros 50, s'il vous plaît.

___ **D** Oui, comme ça, c'est parfait. Et ils coûtent combien, les fromages de chèvre ?

Ihnen auch einen schönen Tag.
5. Bonne journée à vous aussi !
Au revoir. À bientôt.

LÖSUNGEN
3. 1. A, C 2. A, B, F
4. 1.C, 2.D, 3.A, 4.B

5. Das Verb acheter (*kaufen*) 59

Erinnern Sie sich an das Verb **préférer**? Wie **préférer** ist **acheter** ein regelmäßiges Verb auf **-er**. Achten Sie jedoch auf den Akzent auf dem **-e** im Verbstamm im Singular und in der 3. Person Plural. Lesen Sie die Sätze und ergänzen Sie die Verbtabelle. Hören Sie sich anschließend die ganze Konjugation an.

REGELMÄSSIG

acheter *kaufen*

j'	**1.** ________
tu	**2.** ________
il / elle	**achète**
nous	**achetons**
vous	**3.** ________
ils / elles	**achètent**

Tu achètes des carottes ?

Vous achetez des pommes de terre, aujourd'hui ?

Oui, j'achète des carottes et une aubergine.

6. Das Verb aller (*gehen / fahren*) 60

Ergänzen Sie die Konjugation von **aller** mit Hilfe der Sprechblasen. Hören Sie sich anschließend die Konjugation an.

UNREGELMÄSSIG

aller *gehen / fahren*

je	**vais**
tu	**vas**
il / elle	**1.** ________
nous	**2.** ________
vous	**allez**
ils / elles	**vont**

Samedi, nous allons au marché. Nous achetons des fruits, des légumes et du fromage.

Un fromage comme ça, ça va ?

Aller ist das einzige Verb auf **-er**, das unregelmäßig ist.

7. Les magasins – Die Geschäfte

A. Was passt zusammen ? Welche Ware wird in welchem Geschäft gekauft?

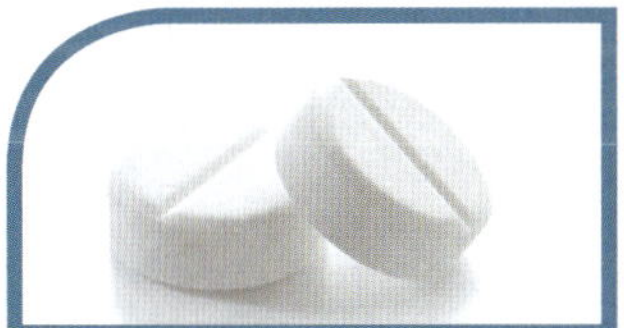

1. des médicaments

2. un briquet

____ **A** la pharmacie

____ **B** l'opticien

3. des lunettes

4. des livres

____ **C** le bureau de tabac

____ **D** la librairie

B. Sehen Sie sich die Regel zur Verwendung der Präposition an. Ergänzen Sie die Sätze mit der passenden Form von **acheter** oder **aller** und einer Ware oder einem Geschäft aus der Übung 7. A.

être / aller + chez

+ PERSON, FIRMENNAME

Je suis chez le coiffeur.
Je travaille chez Ford.
Je vais chez le boulanger.

être / aller + à

+ STADT, ORT ALLGEMEIN

Je suis à Paris.
Je vais à la boulangerie.

1. Je ____________ à la pharmacie pour acheter des ____________.

2. Ils ____________ des livres à la ____________.

3. › Vous ____________ chez l'____________ ?

› Oui, nous ____________ des lunettes.

4. Tu ____________ au bureau de tabac pour acheter des cigarettes.

LÖSUNGEN

5. 1. achète, 2. achètes, 3. achetez
6. 1. va, 2. allons
7. A. 1.A, 2.C, 3.B, 4.D
7. B. 1. vais, médicaments, 2. achètent, librairie, 3. allez, opticien, achetons, 4. vas

8. Der Teilungsartikel 61

Eine Besonderheit des Französischen ist der Teilungsartikel. Lesen Sie die Regel.
Sehen Sie sich dann die Beispiele in den Sprechblasen an und ergänzen Sie anschließend die fehlenden Teilungsartikel. Überprüfen Sie die Beispiel mit der CD.

DER TEILUNGSARTIKEL

Den Teilungsartikel verwenden Sie:

- bei unzählbaren Dingen.
- um eine unbestimmte Menge auszudrücken.

Der Teilungsartikel wird gebildet aus der Präposition **de** und dem bestimmten Artikel **le**, **la**, **l'**, wobei **de** + **le** zu **du** verschmelzen.

Der Teilungsartikel lautet:

du **de la** **de l'**

Il me faut...

du lait.

Mineralwasser
de l'eau minérale.

Marmelade
de la confiture.

Il me faut aussi...

1. ________ pain.

2. ________ orangina.

3. ______ crème fraîche.

9. Die Zahlen von 70 bis 99 62

Schreiben Sie die fehlenden Zahlen und prüfen Sie mit der CD.

70 soixante-dix	**80** quatre-vingt	**90** quatre-vingt-dix
71 soixante et onze	**81** quatre-vingt-un	**91** quatre-vingt- onze
72 soixante-douze	**82** ______	**92** quatre-vingt-douze
73 soixante-treize	**83** quatre-vingt-trois	**94** ______
74 soixante-quatorze	**84** quatre-vingt-quatre	**96** quatre-vingt-seize
76 ______	**85** ______	**98** ______
79 ______	**88** quatre-vingt-huit	**99** quatre-vingt-dix-neuf

ACHTUNG!
71 soixante et onze
Aber:
81 quatre-vingt-un
91 quatre-vingt-onze
(ohne **et**)

10. Die Zahlen ab 99 63

Schreiben Sie die fehlenden Zahlen und prüfen Sie mit der CD.

100 cent	**200** deux cent	**1000** mille
101 cent un	**220** deux cent vingt	**2140** deux mille cent quarante
110 ______	**756** ______	**9830** ______

Die französischen Landstraßen heißen **route départementales** und werden auf den Schildern mit **D** abgekürzt. Hier sehen Sie die D 186 nach Quiberon im Süden der Bretagne.
Sie sehen, bretonische Ortsschilder sind zweisprachig: Französisch und Bretonisch.

la D cent quatre-vingt-six

LÖSUNGEN
8. 1. du, 2. de l', 3. de la
9. 76 soixante-seize, 79 soixante-dix-neuf, 82 quatre-vingt-deux, 85 quatre-vingt-cinq, 94 quatre-vingt-quatorze, 98 quatre-vingt-dix-huit
10. 110 cent dix, 756 sept cent cinquante-six, 9830 neuf mille huit cent trente

11. Die Frage mit Fragewörtern

Wie bei Fragen ohne Fragewort kann man auch bei Fragen mit Fragewörtern die **Intonationsfrage**, die **Frage mit est-ce que** oder die **Inversionsfrage** benutzen.

Combien est-ce que ça coûte ?
= Ça coûte combien ?
Wieviel kostet das?

Comment allez-vous ?
Wie geht es Ihnen ?

Fragewort + est-ce que

Fragewort +	est-ce que	Aussagesatz
Qu'	est-ce qu'	il vous faut ?
Où	est-ce que	vous achetez le pain ?
Combien	est-ce que	ça coûte ?

Fragewort + Intonationsfrage (umgangssprachlich)

Aussagesatz	Fragewort
Il vous faut	quoi ?
Vous achetez le pain	où ?
Tu vas au marché ?	comment ?
Ça fait	combien ?

QU'EST-CE QUE = QUOI

In der Umgangsprache wird das Fragewort **que / qu'** (*was*) zu **quoi**, wenn es allein steht oder am Ende des Satzes ist.

Quoi ? Qu'est-ce que vous achetez ?
Il vous faut quoi ?

Fragewort + Inversionsfrage (formell)

Fragewort	Inversionsfrage
Comment	allez-vous ?
Combien	coûtent-elles ?
Quelle	heure est-il ?

12. Questions ? - Fragen?

Verbinden Sie die Frage mit der passenden Antwort.

1 Qu'est-ce que vous préférez ? Les fruits ou les légumes ?

2 Combien de carottes est-ce que vous prenez ?

3 Où est-ce que vous allez ?

___ A Au marché. ___ B Quatre-vingt-dix-neuf. ___ C Les légumes, bien sûr !

13. Mengenangabe 64

Verbinden Sie mit Hilfe der Bilder die passenden Mengenangaben mit den Begriffen unten. Überprüfen Sie Ihre Antworten mit der CD.

1 **une barquette de**

2 **des bouteilles d'**

3 **un litre de**

4 **un kilo de**

5 **une tablette de**

6 **un morceau de**

___ A pommes de terre

___ B eau minérale

___ C fromage

___ D chocolat

___ E champignons

___ F lait

ACHTUNG!

Nach Mengenangaben fällt der bestimmte Artikel weg:
Mengenangabe + **de / d'**
+ Substantiv (ohne Artikel)

LÖSUNGEN

12. 1.C, 2.B, 3.A
13. 1.E, 2.B, 3.F, 4.A, 5.D, 6.C

Auf dem Markt

Qu'est-ce qu'il vous faut ?	Was brauchen Sie?
Je voudrais des yaourts.	Ich hätte gern Joghurts.
... du lait.	... Milch.
Je prends des bananes.	Ich nehme Bananen.
... des carottes.	... Karotten.
Il me faut aussi du poisson.	Ich möchte auch Fisch.
... des œufs.	... Eier.
J'achète des fruits.	Ich kaufe Obst.
Et avec ça ?	Noch etwas dazu?
C'est tout.	Das ist alles.
Ça fait combien ?	Wieviel macht das?

Geschäfte

à la boulangerie	in der Bäckerei
à la boucherie	in der Metzgerei
au bureau de tabac	im Tabakladen
chez le marchand de fruits et légumes	beim Gemüsehändler

Les tomates coûtent combien ?

Was kosten die Tomaten?

Zahlen ab 99

70	soixante-dix
71	soixante et onze
80	quatre-vingt
81	quatre-vingt-un
90	quatre-vingt-dix
100	cent
1000	mille

Mengenangabe

un kilo	ein Kilo
200 grammes	200 Gramm
une bouteille	eine Flasche
une barquette	ein Schälchen
un morceau	ein Stück

MEINE EINKAUFSLISTE

Sie möchten ein besonderes Abendessen vorbereiten. Schreiben Sie eine Einkaufsliste mit den Lebensmitteln, die Sie brauchen. Vergessen Sie die Mengenangaben nicht!

6. En ville

Französische Städte sind oft um ein geographisches und historisches Stadtzentrum (**centre ville**) angelegt. **À pied**, **en bus** oder **en tram**? Man kann das Zentrum gut zu Fuß besichtigen. Busse, oder in einigen Städten auch die Straßenbahn, sind eine gute Alternative. Es gibt in Frankreich noch immer nicht viele Radwege, aber das Netz entwickelt sich und man findet immer häufiger Verleihsysteme für Fahrräder, wie zum Beispiel **Vélib'** in Paris oder **Vélo bleu** in Nizza.
Die größten Städte Frankreichs sind Paris, Marseille und Lyon.

Wortschatz / Kommunikation

- wichtige Gebäude in der Stadt
- nach dem Weg fragen
- Wegbeschreibungen
- Ortsangaben

Grammatik

- der Imperativ
- das Verb **savoir**
- die Ordnungszahlen
- die Verneinung **ne... pas de**
- das Pronomen **on**

1. Les bâtiments de la ville - Städtische Gebäude 65

Ordnen Sie jedem Bild das passende Wort zu. Hören Sie dann die Wörter und sprechen Sie sie nach.

____ A la poste	____ D le musée	____ G la gare
____ B l'hôtel de ville	____ E l'office de tourisme	____ H la banque
____ C l'école	____ F l'arrêt de bus	____ I l'hôpital

2. Demander et expliquer le chemin – Nach dem Weg fragen und den Weg erklären. 66

Lesen Sie die Sätze und hören Sie sich diese an. Ergänzen Sie sie dann mit den folgenden Ausdrücken.

Entschuldigen Sie (mich)	Bitte	Verzeihung	geradeaus	links	rechts
Excusez-moi	s'il vous plaît	Pardon	tout droit	à gauche	à droite

NACH DEM WEG FRAGEN

1. ______________________, je cherche (suche) la vieille ville (Altstadt)...
2. ______________ Monsieur. Vous savez (Wissen Sie) où se trouve (sich befindet) le musée Picasso, s'il vous plaît ?
3. Bonjour Madame. Pour aller à l'hôtel de ville, ______________________?

DEN WEG ERKLÄREN

4. C'est simple (einfach). Vous prenez ______________________.
5. Ensuite, c'est ______________________, et encore (nochmal) à gauche...
6. C'est toujours______________________.

SAGEN, DASS MAN NICHT VON HIER IST

7. **Désolé(e), je ne suis pas d'ici !**

LÖSUNGEN

1. 1.A, 2.D, 3.C, 4.B, 5.H, 6.E, 7.I, 8.F, 9.G

2. 1. Excusez-moi, 2. Pardon, 3. s'il vous plaît, 4. à droite, 5. à gauche, 6. tout droit

3. Points pour s'orienter – Orientierungspunkte ◎ 67

Ordnen Sie jedem Bild das passende Wort zu.

1 2 3 4 5 6

____ **A** le feu

____ **B** le carrefour

____ **C** le pont

____ **D** le rond-point

____ **E** la station d'essence

____ **F** la station de métro

4. Dans quelle direction ? - In welcher Richtung? ◎ 68

Hören Sie sich die Wegbeschreibungen an und ergänzen Sie die Sätze hier mit einem Wort aus der Übung 3.

bis
1. Allez tout droit jusqu'au
______________________ .

Biegen Sie nach
2. Tournez à gauche après
______________________ .

3. Au ______________________ ,
tournez à droite.

vor
4. Passez devant la
______________________ .

5. Traversez le
______________________ .

6. Voilà ! Vous êtes à la
______________________ !

5. Vous savez où est la poste ? - Wissen Sie wo die Post ist? 69

Céline will zur Post gehen (auf der Karte durch das Kreuz markiert). Sie fragt nach dem Weg. Hören und lesen Sie die zwei Wegbeschreibungen unten. Welche Erklärung führt sie zum richtigen Ziel?

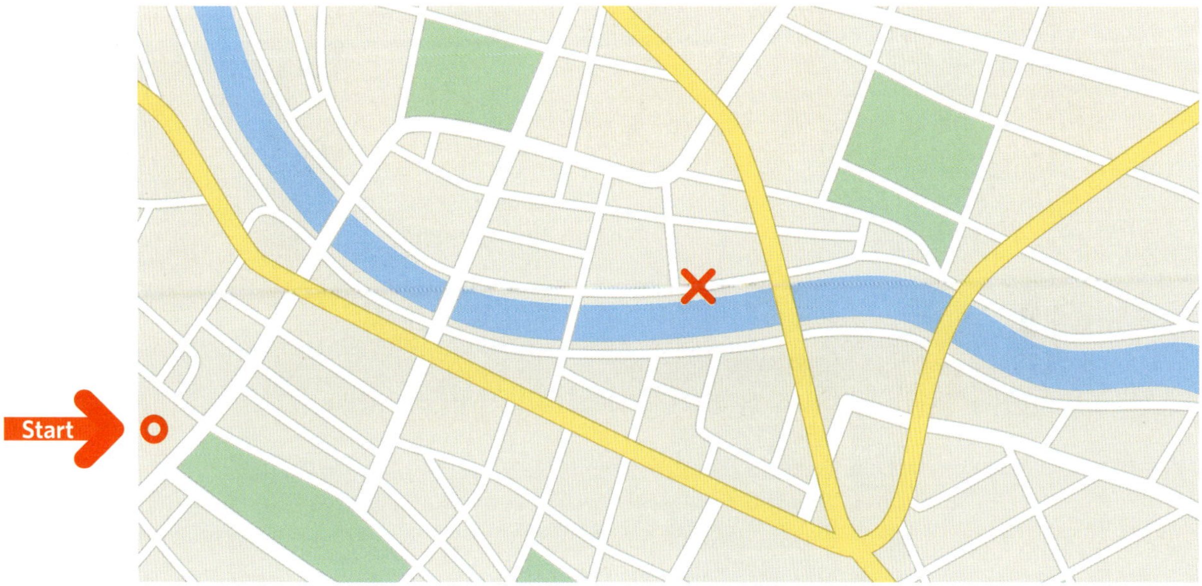

1

La poste ? Oh, c'est un peu loin (weit). Passez devant le parc et allez tout droit, jusqu'au grand boulevard. C'est le boulevard Jean Jaurès. Traversez le boulevard et tournez à droite. Ensuite, prenez à gauche, et encore à gauche. C'est là (da). Mais vous ne préférez pas prendre le bus ?

2

La poste ? C'est simple. Allez toujours tout droit, jusqu'au canal. Traversez le pont Mirabeau, et ensuite, prenez à droite. Allez jusqu'au troisième (dritten) carrefour, et c'est là. Vous savez, il n'y a pas de (es gibt kein) bus mais il y a (es gibt) un tram...

LÖSUNGEN

3. 1.E, 2.D, 3.A, 4.C, 5.F, 6.B

4. 1. feu 2. le pont 3. rond-point 4. station de métro 5. carrefour 6. station essence

5. 2

6. Conseils aux touristes – Ratschläge für Touristen

Mit dem Imperativ können Sie eine Aufforderung oder einen Befehl formulieren. Mit **s'il te plaît / s'il vous plaît** werden daraus Bitten. Lesen Sie die Informationen und ergänzen Sie dann die Ratschläge für die Touristen unten.

Der Imperativ hat die gleiche Form wie das Präsens, lediglich die Du-Form der Veben auf **-er** verliert das **-s**:
Continue ! *Geh weiter!*
Allez ! *Los!*

Allez !
Los!
Traversez !
Gehen Sie rüber!

	Infinitiv	tourner	aller	prendre
Imperativ	du	Tourne !	Va !	Prends !
	wir	Tournons !	Allons !	Prenons !
	ihr / Sie	Tournez !	Allez !	Prenez !

prendre des photos

acheter un plan de la ville

chercher le musée des Beaux-Arts

Imperativ du-Form

1. ________ des photos !
3. ________ un plan de la ville !
5. ________ le musée des Beaux-Arts !

Imperativ ihr / Sie-Form

2. ________ des photos !
4. ________ un plan de la ville !
6. ________ le musée des Beaux-Arts !

7. Die Ortsangaben 70

A. In den Übungen 3 und 4 haben Sie die Ortsangaben **à droite (de)**, **à gauche (de)** und **devant** gesehen. Achten Sie nun darauf, wo die Katze ist. Hören Sie und wiederholen Sie diese Ortsangaben.

sur

sous

devant

derrière

entre

à gauche (de)

à droite (de)

au milieu (de)

Einige Ausdrücke enden mit der Präpositionen **de**, die mit dem bestimmten Artikel verschmilzt:
à gauche <u>du</u> musée
à droite <u>du</u> pont
au milieu <u>du</u> carrefour

B. Ergänzen Sie die Sätze, in dem Sie die passenden Ortsangaben eintragen.

1

2

Fahrrad
1. Le vélo est ________________ de la maison.

2. Le banc est ________________ les deux maisons.

Auto / Baum
3. La voiture est ________________ l'arbre.

4. L'arbre est ________________ la maison.

5. Le vélo est ________________ la voiture.

3

4

5

LÖSUNGEN

6. 1. Prends, 2. Prenez, 3. Achète, 4. Achetez, 5. Cherche, 6. Cherchez

7. B. 1. à droite, 2. entre, 3. devant, 4. derrière, 5. sous

8. Das Verb savoir (*wissen*)

A. Ergänzen Sie die Verbkonjugation mit Hilfe der Sprechblasen. Prüfen Sie mit der CD. **71**

Vous savez où se trouve la station de métro ?

Non, désolé, je ne sais pas. Je ne suis pas d'ici.

UNREGELMÄSSIG

savoir *wissen*

je	**1.** ________
tu	**sais**
il / elle	**sait**
nous	**savons**
vous	**2.** ________
ils / elles	**savent**

B. Ergänzen Sie die Sätze mit den passenden Formen von **savoir**. Überprüfen Sie Ihre Antworten mit Hilfe der CD. **72**

1. Ils ________ où est l'hôpital ?

2. Tu ________ qu'il y a un pont bientôt ?

3. Elle ne ________ pas à quelle heure passe le bus.

4. Désolés, nous ne ________ pas.

9. Die Ordnungszahlen

A. Sehen Sie sich die Abbildung zu den Ordnungszahlen an. Dann lesen Sie und ergänzen Sie die Wegbeschreibung in der Sprechblase mit den fehlenden Ordnungszahlen.

Um die Ordnungszahlen zu bilden, hängt man **-ième** an die Grundzahl an: **deuxième, troisième**.

Wenn die Zahl auf einem **-e** endet, fällt das **-e** weg: **quatre > quatrième**

Die Zahl 1 ist eine Ausnahme: **un > premier, première**

Aber: 21ème: **vingt et unième**, 101ème: **cent unième**, usw.

Prenez la **1.** ________ (1ère) rue à droite et ensuite, allez jusqu'au **2.** ________ (3ème) feu. Là, vous tournez à gauche.

B. Kennen Sie die französischen Städte ? Lesen Sie die folgenden Informationen und ergänzen Sie mit den ausgeschriebenen Ordnungszahlen. Hören Sie dann die CD. 73

Paris est la **1.** ________ (1ère) ville pour le nombre d'habitants (Zahl der Einwohner).

Mais c'est la **2.** ________ (6ème) pour la pollution (Umweltverschmutzung).

Marseille est la **3.** ________ (2ème) ville pour le nombre d'habitants, mais c'est la **4.** ________ (13ème) pour le nombre de cinémas.

Lyon est la **5.** ________ (3ème) ville pour le nombre d'habitants et la **6.** ________ (4ème) pour les espaces verts (Grünflächen).

LÖSUNGEN

8. A. 1.sais, 2.savez
8. B. 1. savent, 2. sais, 3. sait, 4. savons
9. A. 1. première, 2. troisième
9. B. 1. première, 2. sixième, 3. deuxième, 4. treizième, 5. troisième, 6. quatrième

10. Das Pronomen on

Das Pronomen **on** bedeutet *man* oder *wir*. In der mündlichen Sprache verwendet man eher selten **nous**, **on** wird bevorzugt. Es wird aber wie **il** / **elle** konjugiert. Lesen Sie das Beispiel. Setzen Sie anschließend die Sätze mit dem Pronomen **on** um.

1 Nous cherchons la banque.
= On cherche la banque.

2 Nous trouvons la ville très romantique...
= On ________ la ville très romantique.

3 Nous traversons le pont.
= On ________ le pont.

4 Quelle direction est-ce que nous prenons ?
= Quelle direction est-ce qu'on ________ ?

11. Besondere Adjektive ◎ 74

Die Adjektive **beau** (*schön*), **vieux** (*alt*) und **nouveau** (*neu*) haben drei Formen im Singular, zwei männliche und eine weibliche. Lesen Sie die Regel. Ergänzen Sie dann die Tabelle und prüfen Sie mit der CD.

Bel, **nouvel** oder **vieil** stehen vor einem Vokal oder stummen h.
L'hôtel est beau. aber: **C'est un bel hôtel.**

le vieil arrêt de bus

le vieux pont	le 1. ________ arrêt de bus	la vieille ville
le beau musée	le 2. ________ hôpital	la belle voiture
le nouveau carrefour	le 3. ________ office de toursime	la nouvelle gare

-EU / EAU > -EUX / EAUX

Die Wörter auf **-eu** oder **-eau** bilden das Plural mit einem **-x**.
les beaux musées
les nouveaux feux

12. Il y a / Il n' y a pas de (d') 75

Die feste Wendung **il y a** wird im Französischen häufig verwendet und entspricht dem Ausdruck *es gibt*. Sehen Sie sich die Bilder an und ergänzen Sie in den Sprechblasen, was die Menschen sagen. Alle notwendigen Wörter haben Sie in der Lektion gelernt. Prüfen Sie mit der CD.

NE… PAS DE / D' + SUBSTANTIV = KEIN

Il y a des voitures. Il y a un bus.
Aber:
Il n'y a pas de tram. Il n'y a pas d'aéroport.

A

B

C

D

E

F

G

H

1. Dans la ville, il y a…

______ , ______ , ______ ,

______ , ______ .

2. Il n' y a pas…

______ , ______ ,

______ .

In der mündlichen Sprache fällt das **ne** in der Verneinung meistens aus:
Je sais pas. statt
Je ne sais pas.
Ich weiß es nicht.

LÖSUNGEN

10. 2. trouve, 3. traverse, 4. prend

11. 1. vieil 2. bel 3. nouvel

12. 1. A. une gare, B. une école, D. des voitures, E. des maisons, G. une poste
2. C. de pont, F. de métro, H. de canal

Nach dem Weg fragen

Excusez-moi...	*Entschuldigen Sie ...*
Je cherche la banque.	*Ich suche die Bank.*
Où se trouve la poste ?	*Wo befindet sich die Post?*
Vous savez où c'est ?	*Wissen Sie, wo das ist?*

Ortsangaben

à droite de	*rechts von*
à gauche de	*links von*
au milieu de	*in der Mitte von*
sur	*auf*
sous	*unter*
devant	*vor*
derrière	*hinter*

Den Weg beschreiben

C'est simple.	*Das ist einfach.*
Allez...	*Gehen Sie ...*
tout droit.	*gerade aus.*
jusqu'au premier feu.	*bis zur ersten Ampel.*
Continuez jusqu'...	*Gehen Sie weiter bis ...*
au canal.	*zum Kanal.*
au deuxième carrefour.	*zur zweiten Kreuzung.*
Tournez à droite / à gauche.	*Biegen Sie rechts / links ab.*
Traversez le pont.	*Überqueren Sie die Brücke.*
Passez devant la banque.	*Gehen Sie an der Bank vorbei.*
Prenez le boulevard.	*Nehmen Sie den Boulevard.*
Continuez tout droit.	*Fahren Sie weiter geradeaus.*
Allez jusqu'au carrefour.	*Gehen Sie bis zur Kreuzung.*
C'est la deuxième rue à gauche.	*Es ist die zweite Straße links.*
Passez devant l'école.	*Gehen Sie an der Schule vorbei.*

entre
zwischen

FRANZÖSISCHE STÄDTE

Wissen Sie, wo welche Stadt liegt? Machen Sie sich Ihre eigene Frankreichkarte. Zeichnen Sie die Umrisse Frankreichs auf ein großes Blatt. Zeichnen Sie darauf alle Orte ein, die Sie kennen. Verbinden Sie diese Orte mit Sehenswürdigkeiten oder Spezialitäten, die Sie beispielsweise im Internet finden können. Notieren Sie dazu so viele Begriffe wie Sie kennen.

7. Un air de famille

Mit durchschnittlich zwei Kindern bekommen französische Frauen europaweit die meisten Kinder. Viele Kinder werden tagsüber außerhalb der Familie betreut, während die Mütter auf der Arbeit sind, trotzdem ist der Begriff "Rabenmutter" in Frankreich unbekannt. Die Familie ist in Frankreich häufig der Lebensmittelpunkt. Oft verbringt man den Sonntag mit den Großeltern. Und das Landhaus der Cousins ist im Sommer der Treffpunkt aller Familienmitglieder. Anderseits gibt es auch immer mehr alleinerziehende Eltern, alleinstehende Menschen und Patchwork-Familien.

Wortschatz / Kommunikation

- Familienmitglieder, Beziehungen
- jemanden beschreiben
- über die Familie sprechen
- über die Herkunft sprechen
- Vergleiche ziehen

Grammatik

- Possessivbegleiter
- Verben auf **-ir** wie **grandir**
- das Verb **venir**
- der Komparativ
- die Stellung des Adjektivs

1. L'arbre généalogique - Der Stammbaum

A. Vervollständigen Sie die Tabelle. Prüfen Sie mit der CD. 76

la grand-mère | le frère | la femme | le père | le fils | la petite-fille

1. ______	le grand-père	3. ______	le petit-fils	5. ______	le mari
la mère	2. ______	la fille	4. ______	la sœur	6. ______

B. Sehen Sie sich den Stammbaum an und ergänzen Sie die Sätze mit den passenden Vornamen.

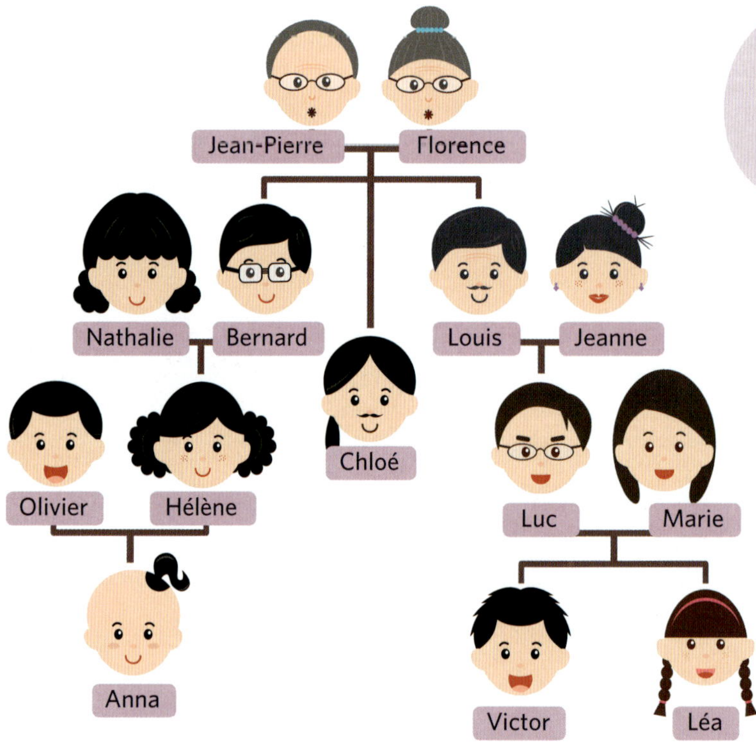

Jean-Pierre und Florence sind die **arrière-grands-parents**, *die Urgroßeltern* von Anna, Victor und Léa.

1. La mère de Léa: ______

2. Le mari de Jeanne: ______

3. Le petit-fils de Louis: ______

4. La femme d'Olivier: ______

5. La sœur de Victor: ______

6. La grand-mère d'Anna: ______

2. Le statut familial – Der Beziehungsstatus 77

Ergänzen Sie die Sätze mit den folgenden Angaben zum Beziehungsstatus. Hören Sie sich anschließend die Sätze auf der CD an.

geschieden divorcés | *verheiratet* mariés | *Witwe, -r* veuve | *ledig* célibataire

1. Ils sont ______________ .
2. Elle est ______________ .
3. Il est ______________ .
4. Ils sont ______________ .

3. Les relations familiales – Familienbeziehungen 78

Lesen Sie die französischen Sätze. Ordnen Sie sie den deutschen Entsprechungen zu. Hören Sie sich dann die Sätze an und wiederholen Sie sie.

1. Ils s'entendent très bien.
2. Ils ont une bonne relation.
3. Ils sont proches.

4. Ils se disputent souvent.
5. Ils ne se parlent plus.

____ A Sie sprechen nicht mehr miteinander.
____ B Sie stehen sich nah.
____ C Sie haben eine gute Beziehung.
____ D Sie verstehen sich sehr gut.
____ E Sie streiten oft.

LÖSUNGEN

1. A. 1. le père, 2. la grand-mère, 3. le fils, 4. la petite-fille, 5. le frère, 6. la femme

1. B. 1. Marie, 2. Louis, 3. Victor, 4. Hélène, 5. Léa, 6. Nathalie

2. 1. mariés, 2. veuve, 3. célibataire, 4. divorcés

3. 1.D, 2.C, 3.B, 4.E, 5.A

4. Décrire quelqu'un – Jemanden beschreiben ◎ 79

Lesen Sie die folgenden Angaben, die bei einer Personenbeschreibung wichtig sind.

1. les cheveux

Il / Elle a les cheveux…

Man sagt auch:
Il est blond.
Elle est blonde.
Il est brun.
Elle est brune.
Il est roux.
Elle est rousse.

2. les yeux

Il / Elle a les yeux…

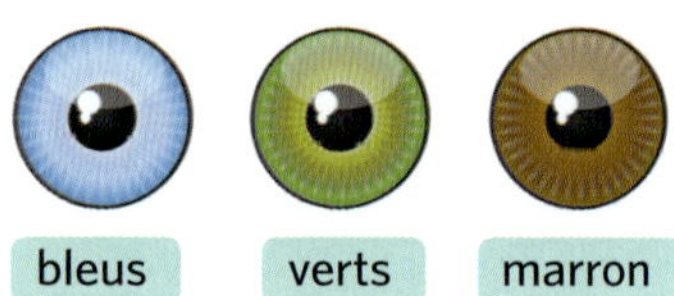

Achtung! **Marron** ist unveränderlich!

3. signes particuliers

Il a / Il porte…

Les lunettes ist immer im Plural und wird übersetzt mit *die Brille*!

4. autres signes

5. Photos de famille – Familienfotos 80

Cléa zeigt Bilder ihrer Familie. Ergänzen Sie die Beschreibung der Familienmitglieder und hören Sie sich anschließend die Beschreibung auf der CD an.

1. Là, ce sont mon oncle et mon cousin. Tous les deux, ils ont une petite ______ noire. L'un est grand, l'autre ______, mais il grandit vite (wächst auf, schnell) !

2. Voilà mes parents (Eltern). La femme avec les cheveux ______ et ______, c'est ma mère. Ma mère est plus (mehr) élégante que mon père, mais elle est moins sévère (weniger, streng).

3. Ma grand-mère et sa sœur, Odette. Elles viennent d'Espagne. Elles ont de beaux cheveux ______, ______ et ______ et les ______ marron. Elles s'entendent très bien. Sur la photo, elles sont encore jeunes. Mais aujourd'hui, elles sont ______ : elles ont 76 et 82 ans.

Das Wort *alt* kann man mit **âgé(e)** oder mit **vieux**, **vieille** übersetzen. **Âgé** verwendet man nur bei Personen und es klingt ein wenig höflicher, man spricht von **les personnes âgées** *die alten Leute*.

4. Et là, avec le ______, la ______ blanche et les ______, c'est un ami de la famille !

LÖSUNGEN

5. 1. moustache, petit; 2. roux, longs; 3. longs, bouclés, noirs, yeux, vieilles; 4. chapeau, barbe, lunettes

6. Le possessif – Die Possessivbegleiter

Die Possessivebegleiter beantworten die Frage wessen? Sie richten sich in Geschlecht und Zahl immer nach dem Bezugswort, auf das sie sich beziehen (und nicht nach dem Geschlecht des Besitzers!). Lesen Sie die Sprechblasen und ergänzen Sie dann die Tabelle.

Mes enfants s'entendent très bien !

ähnlich sehen

Ils ressemblent à **leur** père, non ?

C'est **son** mari ?

Ein Besitzer

je	**mon**	**ma**	**1.** ______
tu	**ton**	**ta**	**tes**
il, elle	**2.** ______	**sa**	**ses**

ACHTUNG

Vor einem weiblichen Substantiv, das mit einem Vokal oder stummen h beginnt, benutzt man **mon**, **ton**, **son**, anstatt wie sonst **ma**, **ta**, **sa**: **sa fille** aber **son amie**.

Mehrere Besitzer

nous	**notre**	**nos**
vous	**votre**	**vos**
ils, elles	3. ______	**leurs**

7. Portraits – Porträts

A. Finden Sie den richtigen Possessivbegleiter. Prüfen Sie mit der CD. 81

1. ________ (ihre) parents portent aussi des lunettes ?

2. ________ (meine) cousine a les cheveux bouclés.

3. Ce sont ________ (eure) petits-enfants ?

4. Elle ne s'entend pas très bien avec ________ (ihre) sœur.

B. Finden Sie das richtige Wort auf Französisch, das deutsche Wort steht als Hilfe hinter der Lücke. Prüfen Sie Ihre Antworten mit der CD. 82

1. Elle ne parle plus à ses ________ (Eltern).

2. Où est mon ________ (Hut) ?

3. Qu'est-ce qu'elle est mince, ta ________ (Tochter).

4. Excusez nos ________ (Kinder). Ils se disputent parfois.

5. Elle a des belles lunettes, ma ________ ________ (Großmutter).

6. Leurs ________ ________ (Geschwister) sont à l'école.

LÖSUNGEN

6. 1. mes, 2. son, 3. leur

7. A. 1. leurs, 2. ma, 3. vos, 4. sa

7. B. 1. parents, 2. chapeau, 3. fille, 4. enfants, 5. grand-mère, 6. frères et sœurs

8. Verben auf -ir, wie grandir ((*auf-)wachsen*) 83

Bei Verben auf -ir wie **grandir** wird der Stamm im Plural mit **-ss-** verlängert. Sehen Sie sich die Konjugation von **grandir** an. Ergänzen Sie dann die Konjugation von **vieillir**. Hören Sie sich beide Verben an.

STAMMERWEITERUNG

grandir *(auf-) wachsen*

	STAMM		ENDUNG
je	grandi		-s
tu	grandi		-s
il / elle	grandi		-t
nous	grandi	-ss	-ons
vous	grandi	-ss	-ez
ils / elles	grandi	-ss	-ent

Elle **grandit** si vite !

STAMMERWEITERUNG

vieillir *altern, alt werden*

je	vieillis
tu	vieillis
il / elle	vieillit
nous	**1.** ____________
vous	**2.** ____________
ils / elles	**3.** ____________

Vous ne **vieillissez** pas !

Rajeunir (*verjüngen, jünger werden*) und **finir** (*enden, beenden*) werden wie **grandir** und **vieillir** konjugiert.

9. Das Verb venir (*kommen*) 84

Venir ist ein unregelmäßiges Verb. Lesen Sie die Sätze und ergänzen Sie dann die Verbkonjugation. Hören Sie sich die Konjugation anschließend an.

china
Ils viennent de Chine.

Et lui ? Il vient de France !

UNREGELMÄSSIG

venir *kommen*

je	**viens**
tu	**viens**
il / elle	**1.** ____________
nous	**venons**
vous	**venez**
ils / elles	**2.** ____________

10. Fête de famille – Familienfest 85

Lesen Sie den Text und ergänzen Sie mit den passenden Formen von den Verben **venir**, **vieillir**, **rajeunir** (*jünger werden*), und **finir**. Hören Sie sich dann den Text an.

oben
1. En haut, à droite, avec la moustache, c'est mon oncle. Il ____________ toujours aux fêtes de famille.

neben
2. Et à côté, c'est Marcel, son frère. Il ____________ vite : il travaille trop...

unten
3. En bas, à gauche, ce sont ma cousine Zoé et son mari Max. Elle est belle, non ? Avec ses crèmes cosmétiques,
von Tag zu Tag
elle ____________ de jour en jour.

4. On s'entend bien : les fêtes de famille ____________
spät
toujours tard !

LÖSUNGEN

8. 1. nous vieillissons, vous vieillissez, ils / elles vieillissent

9. 1. il / elle vient, 2. ils / elles viennent

10. 1. vient, 2. vieillit, 3. rajeunit, 4. finissent

11. Comparer – Vergleichen 86

Lesen Sie die Regel und sehen Sie sich die Beispiele an. Vervollständigen Sie dann die Vergleiche unten. Denken Sie aber daran, die Adjektive an das Substantiv anzugleichen, wo nötig: die weibliche Form erhält ein **-e** und manche Adjektive haben Sonderformen.

Um etwas zu vergleichen verwendet man Begriffe aus der Mathematik: **plus** (*plus*), **moins** (*minus*) oder **aussi** (*gleich*), sowie die Konjunktion **que** (*als, wie*).

plus / moins / aussi + **Adjektiv** + **que**

\+ Elle est **plus** grande **que** son mari.

– Il est **moins** élégant **que** sa femme.

= Il est **aussi** sympa **que** son frère.

– gros

1. Il est ______________ ______________ son cousin.

= arrogant

2. Elle est ______________ ______________ son collègue.

\+ riche

3. Il est ______________ ______________ sa femme.

– beau

4. La robe marron est ______________ ______________ la robe rose.

12. La place de l'adjectif – Die Stellung des Adjektivs 87

A. Die meisten Adjektive stehen in der Regel hinter dem Substantiv. Nur einige (insbesondere kurze und häufige) Adjektive stehen vor dem Substantiv. Lesen Sie die Texte. Finden Sie die Adjektive, die vor dem Substantiv stehen und ergänzen Sie die Liste.

1. Ma tante est une jeune femme agréable (angenehm) et orginale. Elle a les cheveux verts et de beaux yeux marron.

2. Mon grand-père est un vieux monsieur mais il est en pleine forme ! Il aime le grand air (frische Luft) et les petites promenades (Spaziergänge).

Diese Adjektive stehen **vor** dem Substantiv:

1. **bon** *(gut)* - **mauvais** *(schlecht)*
2. ____________ *(jung)* - ____________ *(alt)*
3. ____________ *(schön)* - **joli** *(hübsch)*
4. ____________ *(groß)* - ____________ *(klein)*

B. Bringen Sie nun die Wörter in die richtige Reihenfolge und hören Sie sich anschließend die Sätze an. 88

A relations | B ils | C des | D compliquées | E ont

1. ____

A c' | B sympa | C est | D jeune | E très | F fille | G une

2. ____

A tante | B ma | C mauvais | D un | E a | F caractère | G vieille

3. ____

____

LÖSUNGEN

11. 1. moins gros que, 2. aussi arrogante que, 3. plus riche que, 4. moins belle que

12. A. 2. jeune / vieux (vieille), 3. beau (belle), 4. grand / petit

12. B. 1. B, E, C, A, D; 2. A, C, G, D, F, E, B; 3. B, G, A, E, D, C, F

Die Familie

la mère	*Mutter*
le père	*Vater*
la fille	*Tochter*
le fils	*Sohn*
le grand-père	*Großvater*
la grand-mère	*Großmutter*
le frère	*Bruder*
la sœur	*Schwester*
le mari	*Ehemann*
la femme	*Ehefrau*
Il est marié.	*Er ist verheiratet.*
Il est divorcé.	*Er ist geschieden.*
Elle est célibataire.	*Sie ist ledig.*

Die Beschreibung

Il / Elle a les cheveux...	*Er / Sie hat ...*
blonds / bruns.	*blonde / braune Haare.*
noirs / roux.	*schwarze / rote Haare.*
courts / longs.	*kurze / lange Haare.*
bouclés / lisses.	*lockige / glatte Haare.*
Il / Elle a les yeux...	*Er / Sie hat ...*
verts / marron / bleus.	*grüne, braune, blaue Augen.*
Il est décontracté.	*Er ist entspannt.*
Il est grand / petit.	*Er ist groß / klein.*
Il est mince / gros.	*Er ist dünn / dick.*

Il est aussi bouclé qu'elle.
Er hat genauso lockige Haare wie sie.

Familienbeziehungen

Ils s'entendent bien.	*Sie verstehen sich gut.*
Ils se disputent souvent.	*Sie streiten oft.*
Ils ne se parlent plus.	*Sie sprechen nicht mehr miteinander.*

les lunettes	*Brille*
la barbe	*Bart*
la moustache	*Schnurrbart*

Max est plus grand que Sam.
Max ist größer als Sam.

LERNTIPP

Nehmen Sie sich ein Bild ihrer eigenen Familie und versuchen Sie die Familienmitglieder zu beschreiben, mit so vielen Merkmale, wie Sie kennen: das Aussehen, der Beziehungsstatus, und die Verwandschaftsbeziehung zu Ihnen.

8. Bon appétit !

Das Essen spielt in Frankreich eine große Rolle und man spricht auch gerne übers Essen und Trinken. Eine französische Mahlzeit besteht normalerweise aus drei Gängen: **l'entrée** (*Vorspeise*), **le plat principal** (*Hauptgericht*) und **le dessert** (*Nachtisch*). Zwischen dem Hauptgericht und dem Nachtisch gibt es oft noch **le plateau de fromage** (*die Käseplatte*). Zum Essen gibt es noch **le pain** (*das Brot*) dazu und **les boissons** (*die Getränke*). In Frankreich ist es außerdem üblich zum Essen **une carafe d'eau** (*Karaffe mit Leitungswasser*) kostenlos zu bestellen.

Wortschatz / Kommunikation

- über das Menü sprechen
- Mahlzeiten und Gerichte
- im Restaurant bestellen und bezahlen
- etwas anbieten, annehmen oder ablehnen

Grammatik

- direkte Objektpronomen
- das Verb **vouloir**
- die Verben auf **-yer** wie **essayer**, **payer**
- weitere Verneinungswörter

1. Spécialités françaises - Französische Spezialitäten 89

Sehen Sie sich die Bilder an und schreiben Sie dann die Gerichte an die passende Stelle auf der Speise- bzw. Getränkekarte. Hören Sie sich die Begriffe anschließend an.

1 une assiette de crudités

2 un steak-frites

3 du vin blanc

4 du saumon aux épinards

5 une mousse au chocolat

6 du jus de fruits

7 une glace

8 une soupe aux légumes

MENU

Entrée

____

____

Plat principal

____

____

Dessert

____

____

Carte des boissons

____

____

2. Les Repas – Die Mahlzeiten 90

In Frankreich isst man in der Regel drei Mal am Tag. Dazu kommt **le goûter**, ein Nachmittagssnack, den vor allem Kinder nachmittags nach der Schule bekommen. Ordnen Sie die Mahlzeiten chronologisch und prüfen Sie mit der CD.

1 le dîner

2 le petit-déjeuner

3 le déjeuner

4 le goûter

Richtige Reihenfolge: ____________

3. Un apéritif ? – Ein Aperitif? 91

Lesen und hören Sie die Ausdrücke. Welches Verb unten passt als Überschrift zu welcher Box?

1

wünschen
Vous désirez **un apéritif ?**

wollen *etwas trinken*
Vous voulez boire **quelque chose ?**

Qu'est-ce que vous prenez ?

2

gern
Volontiers !

Einverstanden
D'accord.

Tropfen
Une goutte**, seulement.**

3

Non merci, je ne prends
nichts
rien**.**

Merci, mais je ne préfère pas.

____ A proposer (*vorschlagen*)

____ B refuser (*ablehnen*)

____ C accepter (*annehmen*)

LÖSUNGEN

1. entrée: 1, 8; plat principal: 2, 4; dessert: 5, 7; boisson: 3, 6

2. 2, 3, 4, 1

3. 1.A, 2.C, 3.B

4. Au restaurant – Im Restaurant 92

Bringen Sie die Teile des Dialogs in die richtige Reihenfolge. Hören Sie sich dann den Dialog an und lesen Sie mit.

1

Serveur : Vous prenez du fromage ou un dessert ?

Mathilde : Un dessert, volontiers.

2

Mathilde : C'est combien ?

Léon : Laisse, c'est pour moi.

Mathilde : Merci.

3

Léon : Monsieur, s'il vous plaît ! On voudrait l'addition (Rechnung).

4

Mathilde : Tu laisses (läßt) un pourboire (Trinkgeld) ?

Léon : Oui, le serveur est sympa, non ?

5

Serveur : Messieurs-dames, avez-vous choisi (gewählt) ?

Mathilde : Oui, en entrée, je prends une assiette de crudités.

6

Serveur : Très bien. Et comme plat principal ?

Mathilde : Du saumon aux petits légumes, s'il vous plaît.

Léon : Tu choisis toujours du saumon. Tu ne veux (willst) pas essayer (probieren) la dorade ? Elle est délicieuse (köstlich) ici.

Richtige Reihenfolge: ____________

5. C'est bon ? – Schmeckt es? 93

Lecker oder nicht? Ordnen Sie die Ausdrücke, mit denen man über das Essen spricht, den beiden Kategorien zu: Positiv **Miam !** (*Mmh, lecker!*) oder negativ **Beurk !** (*Igitt!*).

1

> Et le gratin, comment vous le trouvez ?

> Euh.... un peu trop cuit. (*zu sehr durch*)

2

> Vous aimez ?

> C'est délicieux !

3

> C'est bon ? (*gut*)

> Oui, très bon !

4

> La bière, vous l'aimez bien fraîche ? (*kühl*)

> Bien sûr. Sinon, ce n'est vraiment pas bon. (*sonst*)

MIAM

1. C'est ______________________

2. C'est ______________________

BEURK

3. Un peu ______________________

4. Ce n'est ______________________

____

LA CUISSON

Wenn man im Restaurant in Frankreich ein Steak bestellt, fragt der Kellner:

Quelle cuisson ?

Wie soll es gebraten werden?

Mögliche Antworten:

bien cuit *gut durch*

à point *medium*

saignant *blutig, englisch*

LÖSUNGEN

4. 5, 6, 1, 3, 2, 4

5. 1. (très) bon, 2. délicieux, 3. trop cuit, 4. (vraiment) pas bon

6. Die Verben auf -yer 94

Bei den Verben auf **-yer** wird das **-y** zu **-i** in der 1., 2. und 3. Person Singular, sowie in der 3. Person Plural. Sehen Sie sich die Konjugation von **essayer** an und ergänzen Sie die Konjugation von **payer** nach dem gleichen Muster. Hören Sie sich dann die Konjugationen an.

REGELMÄSSIG

essayer *versuchen, (an)probieren*

j'	**essaie**
tu	**essaies**
il / elle	**essaie**
nous	**essayons**
vous	**essayez**
ils / elles	**essaient**

REGELMÄSSIG

payer *bezahlen*

je	**1.** ______
tu	**2.** ______
il / elle	**3.** ______
nous	**4.** ______
vous	**5.** ______
ils / elles	**6.** ______

VERBEN AUF -AYER

Bei den Verben auf **-ayer**, wie **essayer** und **payer** gibt es auch die alternative Schreibweise, bei der in allen Personen das **-y-** des Stamms beibehalten wird. Dies führt zu einer leicht veränderten Aussprache.

PAYER AU RESTAURANT

In Frankreich bezahlt man die Rechnung im Restaurant nicht getrennt, wenn man zu mehreren isst. Meistens zahlt einer und hinterher werden die Kosten durch alle geteilt. Das Trinkgeld lässt man auf dem Tisch liegen, nachdem man bezahlt hat.

7. Das Verb vouloir (*wollen*) 95

A. Das verb **vouloir** ist unregelmäßig. Lesen Sie die Sätze in den Sprechblasen und ergänzen Sie die Konjugation. Hören Sie sich anschließend die Verbkonjugation an.

Je ne veux pas de soupe !

Ce sont des escargots. Vous voulez goûter (kosten) ?

UNREGELMÄSSIG

vouloir *wollen, möchten*

je	**1.** ______
tu	**veux**
il / elle	**veut**
nous	**voulons**
vous	**2.** ______
ils / elles	**veulent**

B. Ergänzen Sie die Sätze mit der richtigen Form von **vouloir**.

> Vous **1.** ______ du sucre dans votre café ?

> Oui, je **2.** ______ bien. Merci.

Ils **3.** ______ une bière. Tout de suite (sofort) !

Non merci, nous ne **4.** ______ pas d'omelette.

LÖSUNGEN

6. 1. paie, 2. paies, 3. paie, 4. payons, 5. payez, 6. paient

7. A. 1. veux, 2. voulez

7. B. 1. voulez, 2. veux, 3. veulent, 4. voulons

8. Die direkten Objektpronomen le, la, l', les 96

A. Direkte Objektpronomen vertreten direkte Objekte (Akkusativobjekte). Diese erkennt man daran, dass keine Präposition vor dem Objekt steht, sie stehen direkt nach dem Verb. Die direkten Objektpronomen stehen immer **vor** dem konjugierten Verb.
Lesen Sie die Beispiele und hören Sie diese an, vervollständigen Sie anschließend die Tabelle mit den Objektpronomen.

1

› **Comment vous trouvez le gratin ?**
Wie finden Sie das Gratin?

› **Je le trouve délicieux ! Je l'adore !**
Ich finde es köstlich! Ich liebe es!

2

› **Et l'addition ? Ne l'oublie pas !**
Und die Rechnung? Vergiss sie nicht!

› **Tu la paies ?**
Zahlst du sie?

3

› **Vous mangez les escargots ?**
Essen Sie die Schnecken?

› **Non, je ne les mange pas.**
Nein, ich esse sie nicht.

	männlich	weiblich
Singular	1. le / ____	2. ____ / ____
Plural	3. ____	

Je le trouve, euh... pas très bon !

B. Welche Objekte werden in den folgenden Sätzen durch die direkten Objektpronomen vertreten? Verbinden Sie.

1

2

3

4

5

6

____ A Je **la** préfère saignante.
____ B Vous **le** laissez au serveur.
____ C Tu **les** paies ?
____ D Elle **la** boit bien fraîche.
____ E On **l'**adore mais il fait grossir !
____ F Je **les** mange avec du beurre.

9. À table ! – Zu Tisch! 97

A. Sehen Sie sich das Bild an. Ergänzen Sie dann den Text mit den passenden angeglichenen Wörtern. Hören Sie sich dann den Text an.

Sur la table, il y a une **1.** ______________ marron. Il y a deux **2.** ______________ : une pour le dessert, l'autre (*die andere*) pour la viande et les légumes. Il y a aussi deux **3.** ______________ , et deux **4.** ______________ : un pour l'eau, un pour le vin. Mais il y a seulement un **5.** ______________ et une **6.** ______________ à soupe.

B. Vervollständigen Sie die Verhaltensregeln mit le, la, l' oder les.

Règles de savoir-vivre à table

1. La fourchette : Vous _____ placez à gauche de l'assiette.

2. Le couteau : Vous _____ placez à droite.

3. Les verres : Vous _____ remplissez (*füllen*) pour vos invités quand ils sont vides (*leer*).

4. La serviette : Ne _____ oubliez pas sur la chaise (*Stuhl*) ! Posez-_____ sur la table.

LÖSUNGEN

8. A. 1. l', 2. la / l', 3. les
8. B. 1.E, 2.B, 3.A, 4.C, 5.D, 6.F
9. A. 1. serviette, 2. fourchettes, 3. assiettes, 4. verres, 5. couteau, 6. cuillère
9. B. 1. la, 2. le, 3. les, 4. l', la

10. Verneinungswörter ⦾ 98

Sie kennen schon die einfache Verneinung mit **ne** (vor dem Verb) und **pas** (nach dem Verb). Es gibt aber außer **pas** noch weitere Verneinungselemente. Lesen Sie und hören Sie die Minidialoge in den Sprechblasen. Ordnen Sie dann den Verneinungswörtern unten ihre Bedeutung zu.

Le cuisinier est encore là ?

Ah non. Il finit à trois heures. Il **n'**est **plus** là.

Qu'est-ce que vous prenez ?

Euh… un instant, on **ne** sait **pas encore**.

Moi, je **n'**aime **ni** la mousse au chocolat **ni** la glace.

Je prends une bière. Et toi ?

Merci, je **ne** prends **rien**.

Tu manges souvent de la viande ?

Non, je **ne** mange **jamais** de viande : je suis végétarien.

ne / n' +

1. **rien**
2. **plus**
3. **jamais**
4. **pas encore**
5. **ni… ni…**

____ A nie

____ B weder… noch

____ C noch nicht

____ D nichts

____ E nicht mehr

11. Das Verb choisir 99

Das Verb **choisir** wird nach dem gleichen Muster wie **finir**, also mit der Stammerweiterung **-iss-** konjugiert. Ergänzen Sie die Sätze mit den richtigen Formen von **choisir**. Hören Sie sich dann die Sätze an.

1. Vous ____________ la droite ou la gauche ?

2. Euh.... Nous ____________ la droite. Pas la gauche !

3. Ils ____________ le menu.

4. Elle ____________ le dessert au chocolat !

5. Tu ____________ quelle bouteille ?

6. Je ____________ le Bordeaux.

12. Quiz

Lesen Sie die Umschreibung einiger Begriffe und finden Sie das gesuchte Wort. Alle Lösungswörter kamen in dieser Lektion vor.

1. On le mange entre l'entrée et le fromage: c'est le ____________

2. C'est le dernier repas de la journée: le ____________

3. On le laisse sur la table, quand on est content du service: le ____________

4. On la demande pour payer: l' ____________

5. Le couteau est à droite de l'assiette. À gauche, il y a la ____________

6. La viande peut être bien cuite, à point ou ____________

7. C'est vraiment très bon: c'est ____________

8. Il travaille dans un café ou un restaurant: le ____________

LÖSUNGEN

10. 1.D, 2.E, 3.A, 4.C, 5.B

11. 1. choisissez, 2. choisissons, 3. choisissent, 4. choisit, 5. choisis, 6. choisis

12. 1. plat principal, 2. dîner, 3. pourboire, 4. addition, 5. fourchette, 6. saignante, 7. délicieux, 8. serveur

Das Gedeck

l'assiette	Teller
le couteau	Messer
la cuillère	Löffel
la fourchette	Gabel
le verre	Glas

Mahlzeiten

le petit-déjeuner	Frühstück
le déjeuner	Mittagessen
le dîner	Abendessen

le goûter

die Zwischenmahlzeit

Im Restaurant

Vous avez choisi ?	Haben Sie gewählt?
Qu'est-ce que vous prenez...	Was nehmen Sie ...?
... comme entrée ?	... als Vorspeise?
... comme plat principal ?	... als Hauptspeise?
Fromage ou dessert ?	Käse oder Nachtisch?
C'est délicieux !	Es ist köstlich!
C'est trop cuit.	Es ist zu sehr gebraten.
On voudrait payer.	Wir möchten bezahlen.
C'est pour moi.	Das ist für mich.
Tu laisses un pourboire ?	Lässt du Tringeld?

Anbieten, annehmen, ablehnen

Vous désirez un apéritif ?	Möchten Sie einen Aperitiv?
Vous voulez boire quelque chose ?	Möchten Sie etwas trinken?
Volontiers	Gerne.
Merci, je ne prends rien.	Danke, ich nehme nichts.

Je ne sais pas encore.

Ich weiß es noch nicht.

Voilà l'addition !

Hier ist die Rechnung!

Je les trouve bon.

Ich finde sie gut.

LE REPAS GASTRONOMIQUE DES FRANÇAIS

Das französische Menu wurde 2010 von der UNESCO zum Weltkulturerbe erklärt. Versuchen Sie doch auch mal ein solches Essen für die Familie oder Freunde zu organisieren: mit einem Aperitif und drei Gängen nach französischen Rezepten. Schreiben Sie das Menü und Ihren Einkaufszettel dafür auf Französisch.

9. À la mode

Frankreich ist nicht nur das Land des guten Weins sondern auch ein Land der Mode. Zahlreiche französische Mode-Designer (**Coco Chanel**, **Jean-Paul Gauthier**, **Yves Saint-Laurent**, **Sonja Rykiel** usw.) haben die Modewelt stark geprägt und sind weltweit berühmt. Aber nicht nur die **Haute-Couture** hat im Land einen besonderes Status, sondern auch das **Prêt-à-porter**. Richtig günstig wird es zweimal im Jahr beim Schlussverkauf (**les soldes**). Dieser ist in Frankreich so etwas wie ein Volkssport und eine Erfahrung wert.

Wortschatz / Kommunikation

- Kleidungsstücke benennen
- Kleidung einkaufen
- über Bekleidung sprechen
- Farben und Muster
- das Wetter

Grammatik

- das **Futur proche**
- Demonstrativbegleiter
- die Verben **mettre** und **sortir**
- Vergleiche: der Superlativ

1. Vêtements et accessoires – Kleidungsstücke und Accessoires ◎ 100

Hören Sie sich die Begriffe rund um die Kleidung an und sprechen Sie die Wörter nach. Ordnen Sie den Begriffen die entsprechenden Zahlen auf den Bildern zu.

La femme a…

___ **A** un manteau
_5_ **B** une jupe
___ **C** un pantalon (un jean)
___ **D** des sous-vêtements
_1_ **E** un sac
_4_ **F** un chemisier
___ **G** un parapluie
___ **H** des bottes

CHEMISE - CHEMISIER

Ein Mann trägt **une chemise** (*ein Hemd*), eine Frau **un chemisier** (*eine Bluse*).

L'homme a…

___ **I** un caleçon
_12_ **J** une veste
___ **K** des chaussures
___ **L** un tee-shirt
___ **M** un sweat-shirt
___ **N** une chemise et une cravate

ACHTUNG FAUX AMI!

Ein falscher Freund führt zu Verwechslungen: **la veste** ist *die Jacke* oder *das Jacket*, *die Weste* ist dagegen **le gilet**.

2. Faire du shopping – Shoppen

A. Hören und lesen Sie die Ausdrücke. Was sagt die Kundin? Und was die Verkäuferin? 101

1. Je cherche un chemisier élégant pour sortir.

2. De quelle couleur ?

3. Vous avez ce modèle en bleu ?

4. Vous faites quelle taille ?

5. Vous faites quelle pointure ?
6. Je fais du 38.

7. Vous voulez essayer ?
8. Où sont les cabines ?

9. Il coûte combien ?
10. Il est en solde.

A. Kundin: ____________ **B.** Verkäuferin: ____________

B. Hören Sie den Dialog im Kleidungsgeschäft und kreuzen Sie die passende Lösung an. 102

1. La femme cherche un chemisier ☐ **A** élégant ☐ **B** original. (originell)

2. Elle fait du ☐ **A** 36 ☐ **B** 38.

3. Elle ☐ **A** n'aime pas ☐ **B** adore le chemiser à fleurs.

4. Finalement, elle choisit un modèle ☐ **A** bleu ☐ **B** rose.

5. Les cabines sont ☐ **A** à gauche ☐ **B** à droite.

6. Le modèle est ☐ **A** cher (teuer) ☐ **B** bon marché (billig).

7. Il ☐ **A** n'est pas en solde. ☐ **B** est en solde.

LÖSUNGEN

1. 2.A, 5.B, 8.C, 3.D, 1.E, 4.F, 7.G, 6.H, 13.I, 12.J, 14.K, 11.L, 10.M, 9.N

2. A. A. 1, 3, 6, 8, 9; B. 2, 4, 5, 7, 10

2. B. 1.A, 2.A, 3.A, 4.A, 5.B, 6.A, 7.B

3. Les couleurs – Die Farben 103

Hören Sie und wiederholen Sie die Farbadjektive. Lesen Sie die Regel und ergänzen Sie dann die Ausdrücke unten mit dem passenden angeglichenen Adjektiv.

FARBADJEKTIVE

Wie alle andere Adjektive werden Farben in Zahl und Geschlecht an das Nomen angeglichen. **Marron** und **orange** sind allerdings unveränderlich:
des chaussures marron
des bottes orange

Die weibliche Form von **blanc** ist **blanche**:
une robe blanche

1. une robe ____________

2. des bottes ____________

3. un parapluie ____________

4. une chemise ____________

5. des sous-vête-ments ____________

---

4. Les motifs des vêtements – Muster der Kleidung 104

Welches Muster hat das Kleidungsstück? Ordnen Sie die Begriffe den Bildern zu und hören Sie sich diese an.

____ A à pois
____ B à carreaux
____ C à fleurs
____ D à rayures

5. Contraires - Gegenteile

A. Wie kann man Kleidung noch beschreiben? Verbinden Sie jedes Adjektiv mit seinem Gegenteil. Hören Sie dann die Wörter auf der CD. 105

étroit

1

chic

2

court
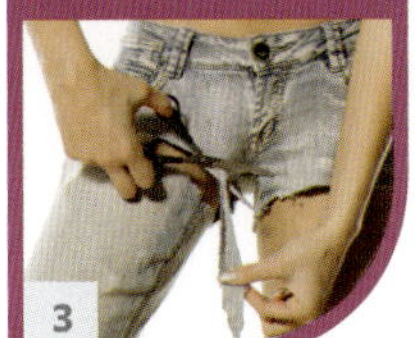
3

original

4

sportif

A

large
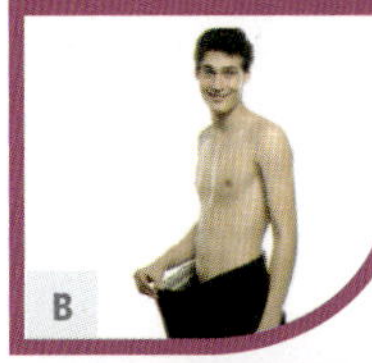
B

long
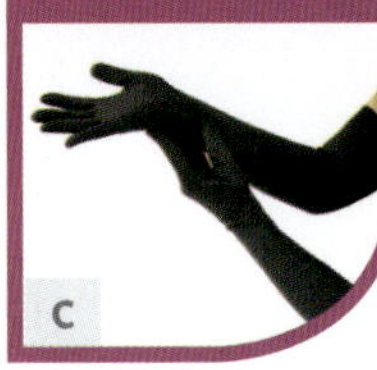
C

classique

D

____ A
____ B
____ C
____ D

B. Lucie weiß nicht was sie anziehen soll. Hören Sie sich den gesamten Dialog an und ergänzen Sie dann die Lücken in diesem Ausschnitt mit den gehörten Adjektiven. 106

> *anziehen*
> Mets ton jean.

> *ich habe zugenommen*
> Non, j'ai grossi. Il est trop **1.** ____________.

> Peut-être, mais c'est le plus sexy de tes pantalons...
> Et ta jupe **2.** ____________ ?

> La jupe **3.** ____________ ? Trop **4.** ____________.

> Pas si tu la portes avec le T-shirt **5.** ____________.

> *es ist kalt draußen*
> Un T-shirt ? Mais il fait froid dehors !

> Alors un pull ?

> *heiß*
> Trop chaud !

> *Geh hin*
> Je ne sais pas, moi... Vas-y en pyjama !!!

LÖSUNGEN

3. 1. verte, 2. rouges, 3. jaune, 4. blanche, 5. roses
4. 1.D, 2.A, 3.C, 4.B
5. A. 1.B, 2.A, 3.C, 4.D
5. B. 1. étroit, 2. longue, 3. noire, 4. classique, 5. à fleurs

6. Das Verb mettre (*setzen, stellen, legen*)

A. Das Verb **mettre** hat neben den Bedeutungen von *setzen, stellen, legen* in Zusammenhang mit Kleidung die Bedeutung *anziehen* und ist unregelmäßig. Lesen Sie die Sätze. Ergänzen Sie dann die Konjugation und prüfen Sie mit der CD. **107**

Je mets mon costume à rayures, ce soir, pour sortir. Et vous ? Qu'est-ce que vous mettez ?

On met nos robes à fleurs.

UNREGELMÄSSIG

mettre *setzen, stellen, legen*

je	**1.** ______
tu	**mets**
il / elle	**2.** ______
nous	**mettons**
vous	**3.** ______
ils / elles	**mettent**

B. **Mettre** hat viele verschiedene Bedeutungen. Setzen Sie zuerst die richtigen Form von **mettre** in die Lücke. Finden Sie dann die Bedeutung aus dem jeweiligen Zusammenhang.

1. Vous ______ 3 heures pour aller au travail.

2. Tu ______ la table, s'il te plaît ?

3. Nous ______ un CD de Mozart.

4. Il ______ les chaussures dehors.

5. Je ______ les lunettes dans le sac.

6. Ils ______ la télé.

___ **A** anmachen ___ **B** stellen ___ **C** (Zeit) brauchen
___ **D** (Tisch) decken ___ **E** auflegen ___ **F** stecken

7. Le futur proche – Die nahe Zukunft

Mit der konjugierten Form von **aller + dem Verb im Infinitiv** können Sie die Zukunft ausdrücken. Die Verneinung umschließt dabei die Form von **aller**. Lesen Sie nun den ersten Satz. Ergänzen Sie die weiteren Sätze mit dem vorgegebenen Verb im **futur proche**. Ordnen Sie dann jedem Satz das passende Bild zu.

1. Ce soir, je **vais mettre** un manteau noir, une cravate à rayures, une veste à carreaux et des lunettes.

2. (mettre) Et toi ? Tu ______________ ta robe à fleurs ?

3. (choisir) Quelles chaussures elle ______________ ______________ ? Les grises ? Les rouges ? Les noires ?

4. (payer) Nous ______________ ______________ avec la carte de crédit.

5. (mettre) Non ?! Vous n' ______________ pas ______________ ce pantalon à pois pour aller au travail ?

6. (aller) - Ils sont déjà en pyjama ?
- Oui. Ils ______________ se coucher dans une heure.

____ A ____ B ____ C ____ D ____ E ____ F

A

B

C

D

E

F

LÖSUNGEN

6. A. 1. mets, 2. met, 3. mettez

6. B. 1.C mettez, 2.D mets, 3.E mettons, 4.B met, 5.F mets, 6.A mettent

7. 1.C, 2.D vas mettre, 3.F va choisir, 4.A allons payer, 5.E n'allez pas mettre, 6.B vont aller

8. Quel temps fait-il ? - Wie ist das Wetter?

Hören Sie die Ausdrücke zu den Wetterphänomenen und sprechen Sie sie nach. 108

Das Wort **le temps** hat zwei Bedeutungen auf Französisch: *die Zeit* und *das Wetter*.

Um über das Wetter zu sprechen verwendet man den Ausdruck: **il fait...**
Il fait chaud. Il fait 40 °C (40 degrés).

1 Il fait beau. / Il y a du soleil.

2 Il fait chaud.

3 Il fait froid.

4 Il fait gris.

5 Il neige.

6 Il pleut.

7 Il y a de l'orage.

8 Il y a des nuages.

9 Il y a du vent.

Neiger und **pleuvoir** sind unpersönliche Verben. Sie werden nur mit **il** konjugiert.
Il neige. Il pleut.

9. Demonstrativbegleiter

Lesen Sie die Beispiele und sehen Sie sich die vier Formen des Demonstrativbegleiters **ce** (*diese,-r, -s*) an. Vervollständigen Sie anschließend die Sätze mit den passenden Demonstrativbegleiter. Ordnen Sie dann dem entsprechenden Wetter den passenden Gegenstand zu.

	männlich	weiblich
Singular	ce (+ Konsonant) cet (+ Vokal)	cette
Plural	ces	

Comment vous trouvez ces chaussures ?

Vous avez ce modèle en plus grand ?

Cette veste est un peu courte... Mais cet anorak est parfait.

1. Mettez ________ bottes !

2. Prends ________ parapluie...

3. Il me faut ________ accessoire !

4. J'achète ________ petite robe.

____ **A** Il fait chaud et il n'y a pas de vent.

____ **B** Il neige et il fait froid.

____ **C** Il pleut.

____ **D** Il va faire beau.

LÖSUNGEN

9. 1.B ces, 2.C ce, 3.A cet, 4.D cette

10. Das Verb sortir (*ausgehen, hinausgehen*)

A. Sie kennen schon die Konjugation der Verben auf **-ir** wie **grandir** oder **vieillir**. Andere Verben auf **-ir** werden wie **sortir** (*ausgehen, herauskommen*) konjugiert. Lesen Sie die Beispielsätze und ergänzen Sie die Verbformen von **sortir**. Prüfen Sie mit der CD. 109

Je sors ! Il va faire beau dans 5 minutes.

Vous sortez ? Vous allez danser ?

REGELMÄSSIG

sortir *ausgehen, hinausgehen*

je	**1.** ______
tu	**sors**
il / elle	**sort**
nous	**sortons**
vous	**2.** ______
ils / elles	**sortent**

Bei den Verben auf **-ir** wie **sortir** entfällt der letzte Buchstabe des Verbstammes im Singular (bei **je**, **tu**, **il**, **elle**, **on**).
sortir: je sors / nous sortons
dormir (*schlafen*): **je dors / nous dormons**

B. **Dormir** wird wie **sortir** konjugiert. Setzen Sie die richtigen Verbformen von **dormir** ein.

1. Il______ toujours avec sa cravate ?

2. Chut…
Ils______.

3. Tu______ bien ?
Il ne fait pas trop chaud ?

11. Der Superlativ

Der Superlativ ist die höchste Steigerungsform (der Größte, der Kleinste etc.). Im Französischen verwendet man den bestimmten Artikel + **plus / moins** + Adjektiv + **de**. Sehen Sie sich die Regel und die Beispiele an. Bilden Sie anschließend Sätze mit dem Superlativ.

le / la / les + **plus / moins** + **Adjektiv** + **de**

Das Adjektiv **bon** (*gut*) hat eine Sonderform: **le / la meilleur(e)**.
Il est bon en maths et le meilleur en français.

Ce sont les soldes les plus intéressantes de l'année !

Das sind die interessantesten Schlussverkaufsangebote des Jahres ...

C'est le moins élégant de mes amis.

Das ist der am wenigsten elegante meiner Freunde.

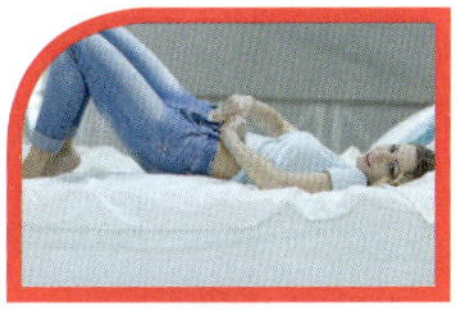

étroit | est | C' | pantalons. | le | de | plus | mes

1. ______________________________

classiques | mes | sont | Ce | chaussures. | moins | de | les

2. ______________________________

cher ? | est | moins | le | le | Quel | sac

3. ______________________________

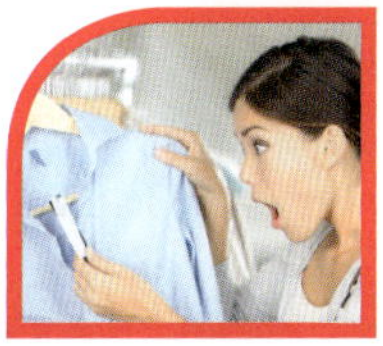

prix !? | le | est | C' | meilleur

4. ______________________________

LÖSUNGEN

10. A. 1. sors, 2. sortez.

10. B. 1. dort, 2. dorment, 3. dors

11. 1. C'est le plus étroit de mes pantalons. 2. Ce sont les moins classiques de mes chaussures. 3. Quel est le sac le moins cher ? 4. C'est le meilleur prix !?

Shoppen

Vous faites quelle taille ?	*Welche Größe haben Sie?*
Vous voulez essayer ?	*Möchten Sie anprobieren?*
De quelle couleur ?	*In welcher Farbe?*
C'est en solde.	*Das ist im Angebot.*
Vous avez ce modèle en rose ?	*Haben Sie dieses Modell in rosa?*
Je fais du 38.	*Ich habe Größe 38.*
Où sont les cabines ?	*Wo sind die Umkleidekabinen?*
Combien coûte cette veste ?	*Was kostet diese Jacke?*

Bekleidung

le pantalon	*Hose*
la jupe	*Rock*
la robe	*Kleid*
les chaussures	*Schuhe*
les bottes	*Stiefel*
le chemisier	*Bluse*
la chemise	*Hemd*
le manteau	*Mantel*
la cravate	*Kravatte*
le sac	*Tasche*

Vous faites quelle pointure ?

Welche Schuhgröße haben Sie?

Das Wetter

Il fait beau.	*Das Wetter ist schön.*
Il fait chaud.	*Es ist warm.*
Il y a du soleil.	*Die Sonne scheint.*
Il fait froid.	*Es ist kalt.*
Il neige.	*Es schneit.*
Il pleut.	*Es regnet.*
Il y a du vent.	*Es ist windig.*
Il y a des nuages.	*Es ist bewölkt.*

Farben

rouge	*rot*
bleu	*blau*
jaune	*gelb*
vert	*grün*
gris	*grau*
marron	*braun*
noir	*scharz*
blanc	*weiß*

DIE PASSENDE KLEIDUNG

Wie würden Sie sich anziehen, um ins Theater zu gehen? ans Meer zu fahren? im Garten zu arbeiten? Beschreiben Sie jeweils Ihre Kleidungsstücke.

Pour aller au théâtre, je mets... ______________________________

____

Pour aller à la mer, ______________________________

____

Et pour travailler dans le jardin, ______________________________

____

10. Vacances

Die meisten Franzosen verbringen ihren Urlaub in Frankreich. Sie fahren gerne ans Meer, ans Mittelmeer oder an den Atlantik. So gehört die Bretagne heute zu den beliebtesten Zielen. Im Sommer gibt es lange Ferien (Juli und August) und daher nennt man die Sommerferien **les grandes vacances** (*große Ferien*). Im Allgemeinen übernachten Franzosen gerne bei Verwandten oder auf Campingplätzen und in Feriendörfern bzw. -wohnungen (**gîtes ruraux**). Im Winter (Februar) geht es in die Berge. Die Alpen und die Pyrenäen bieten gut ausgestattete Skigebiete.

Wortschatz / Kommunikation

- über den Urlaub sprechen
- Ereignisse chronologisch wiedergeben
- über vergangene Ereignisse berichten
- Monate und Jahreszeiten

Grammatik

- das **Passé composé**
- die Bildung des Partizip Perfekts
- die Hilfsverben **être** und **avoir**
- Artikel und Präpositionen vor Ländernamen

1. Enfin les vacances ! - Endlich Urlaub!

Welche Urlaubsziele (**destinations**) haben Sie und wo übernachten Sie (**logement**)? Ordnen Sie jedem Bild den passenden Ausdruck zu. Hören Sie sich dann die Begriffe an. **110**

DESTINATION

____ A à la montagne

____ B dans une ville

____ C à la mer

____ D au bord d'un lac

____ E à la campagne

LOGEMENT

____ A à l'hôtel

____ B dans un gîte rural

____ C sous la tente

____ D chez des amis

____ E dans un village de vacances

2. Parler des vacances – Über den Urlaub sprechen

A. Um über vergangene Ereignisse zu berichten, verwendet man eine Zeit der Vergangenheit. Lesen Sie die Sätze und ordnen Sie sie chronologisch zu. Hören Sie sich dann die Sätze an. 111

1 Ensuite, on **a pique-niqué.**

2 D'abord, on **a cherché** une belle plage.

3 Enfin, on **est rentrés** et on **a dormi**.

Richtige Reihenfolge: ______

B. Lesen Sie die Sätze. Sind es gute oder schlechte Erinnerungen (**souvenirs**)? Ordnen Sie zu. 112

On a rencontré (*getroffen*) **des gens super !**

1

On a perdu (*verloren*) **nos passeports.**

?

2

Il n'a pas fait très beau.

3

On s'est bien amusés.

4

A mauvais souvenirs : ______

B bons souvenirs : ______

Die Adjektive **super** und **sympa** sind unveränderlich und bekommen daher kein **-s** im Plural: **Ils sont super.**

LÖSUNGEN

1. Destination: 1.C, 2.A, 3.D, 4.B, 5.E
Logement: 1.C, 2.D, 3.A, 4.E, 5.B

2. A. Richtige Reihenfolge: 2, 1, 3

2. B. A. 2, 3, B. 1, 4

3. Cartes postales – Postkarten

Lesen Sie die Postkarten und ergänzen Sie die Tabelle mit den entsprechenden Fakten aus den Postkarten.

1

Chère Julie,

Nous avons passé deux semaines à Cannes. Il a fait un temps magnifique ! On s'est baignés tout le temps !

Bisous,

Mathilde

2

Un grand bonjour de Venise... On est en vacances pour cinq jours. La ville est belle mais il fait un peu gris... On se promène (spazieren), on visite (besichtigt) les musées...

À bientôt Cyndie et Léo

	carte n°1	carte n°2
1. Où ? *(Wo?)*		
2. Durée ? *(Dauer?)*		
3. Temps ? *(Wetter?)*		
4. Activités ? *(Aktivitäten?)*		se promener,

4. Différents types de vacances – Verschiedene Urlaubsmöglichkeiten ⦾ 113

Hören Sie die verschiedenen Urlaubsberichte an und verbinden Sie jeden Text mit dem passenden Bild.

1

2

3

4

___ **A** L'été dernier (letzten Sommer), pendant les grandes vacances, je suis allée à la campagne, dans la maison de famille de nos cousins. En août, il a fait vraiment chaud ! Heureusement (Zum Glück), ils ont une piscine (Schwimmbad). On s'est bien amusés !

___ **B** En février, on est partis (weggefahren) une semaine au ski, en Autriche, avec les enfants. Il n'a pas fait très beau. Et en plus (zudem), on a perdu nos passeports ! Bref (Kurz gesagt)... on a été un peu déçus (enttäuscht).

___ **C** En avril, on a fait une randonnée (Wanderung) au Maroc. Ah, le printemps (Frühling)... C'est la saison (Jahrezeit) idéale pour se promener dans les montagnes : les températures sont agréables et la nature est magnifique... On a rencontré des gens super !

___ **D** J'ai passé (verbracht) deux semaines au Canada, à Montréal, chez une copine (Freundin), en octobre dernier. On a visité les musées, on s'est promenées... Les couleurs de l'automne (Herbst) sont très belles, là-bas (dort) !

LÖSUNGEN

3. carte n°1: 1. à Cannes, 2. deux semaines, 3. Temps magnifique ! , 4. se baigner
carte n°2: 1. à Venise, 2. 5 jours, 3. Il fait un peu gris. 4. visiter les musées

4. 1.D, 2.C, 3.A, 4.B

5. Bildung des Passé composé

Sie haben bereits einige Beispiele in der Vergangenheit, dem **Passé composé**, gesehen. Lesen Sie den Text und ergänzen Sie anhand der Beispiele die Regeln zur Bildung und Angleichung unten.

En août, on est allés au bord de la mer.
On a passé deux semaines au camping.
On a dormi sous la tente.
Le dernier soir, on est sortis dans une discothèque.
On a rencontré des gens sympas.

Bildung

1. **on est allés** — Präsens des Verbs: ________ + **Partizip Perfekt**

2. **on a dormi** — Präsens des Verbs: ________ + **Partizip Perfekt**

Angleichung

3. Mit dem Hilfsverb ________ wird das Partizip Perfekt wie ein Adjektiv in Zahl und Geschlecht an das Subjekt angeglichen. Mit dem Hilfsverb ________ wird dagegen nicht angeglichen.

Elle est partie chez ses cousins.

Nous sommes allés en Bretagne pour les vacances.

Elles sont sorties dans une discothèque.

Elle a dormi jusqu'à dix heures.

6. Das Partizip Perfekt

Wie Sie gesehen haben, benötigen Sie das Partizip Perfekt um das Passé composé bilden zu können. Das Partizip wird vom Infinitiv des Verbs abgeleitet, indem die Infinitivendung ersetzt wird.

VERBEN AUF -ER > -é rencontrer > On a rencontré des amis.

VERBEN AUF -IR > -i dormir > Ils ont bien dormi.

VERBEN AUF -RE > -u perdre > J'ai perdu mon passeport.

A. Es gibt aber auch einige unregelmäßige Partizipien. Verbinden Sie die Infinitivformen mit ihren entsprechenden Partizipien. Hören Sie dann die Sätze an. 114

1. avoir
2. faire
3. mettre
4. prendre
5. venir
6. être

___ A J'ai fait de la randonnée.
___ B On a eu du soleil.
___ C Elles ont été déçues.
___ D Pourquoi tu n'es pas venu en Bretagne ?
___ E Vous avez pris votre sac de plage ?
___ F Il a mis cinq heures pour venir !

B. Ergänzen Sie die Sätze mit dem Partizip Perfekt.

1. (perdre) J'ai ________ mon téléphone. Vous savez où il est ?

2. (marcher) Vous avez beaucoup ________ ?

3. (travailler / prendre) Il a beaucoup ________ en décembre, alors il a ________ des vacances.

4. (choisir) Alors ? Qu'est-ce qu'on visite ? Vous avez ________ ?

LÖSUNGEN

5. 1. être, 2. avoir, 3. être, avoir
6. A. 1.B, 2.A, 3.F, 4.E, 5.D, 6.C
6. B. 1. perdu, 2. marché, 3. travaillé, pris, 4. choisi

7. Hilfsverb être im passé composé

Sehen Sie sich die Verben an, die das **Passé composé** mit **être** bilden. Es sind Verben der Bewegungs**richtung** (z.B. hinein-, herausgehen) und der **Zustand**sänderung (z.B. bleiben, sterben). Verbinden Sie anschließend den Beispielsatz mit dem Infinitiv.

____ **A** naître *(geboren werden)*
____ **B** mourir *(sterben)*
____ **C** arriver *(ankommen)*
____ **D** venir *(kommen)*
____ **E** aller *(gehen, fahren)*
____ **F** partir *(weggehen)*
____ **G** monter *(aufsteigen)*
____ **H** descendre *(heruntergehen)*
____ **I** tomber *(fallen)*
____ **J** entrer *(eintreten)*
____ **K** sortir *(ausgehen)*
____ **L** rester *(bleiben)*
____ **M** passer *(vorbeigehen)*
____ **N** retourner *(zurückkehren)*

Anders als im Deutschen gibt es viele Verben der Bewegungs**art** (z.B. schwimmen, laufen), die das **Passé composé** mit **avoir** bilden.
J'ai marché. *Ich bin gelaufen.*

ACHTUNG:
Das Verb **être** selbst bildet das **Passé composé** mit **avoir**:
J'ai été. *Ich bin gewesen.*

8. Être ou avoir ? 115

Lesen Sie die Sätze und ergänzen Sie mit dem konjugierten Hilfsverb **être** oder **avoir**.

REFLEXIVVERBEN

Im Gegensatz zum Deutschen bilden alle Reflexivverben das **Passé composé** mit **être**.
s'amuser: Nous nous sommes amusés.
Wir haben uns amüsiert.
s'habiller: Elle s'est habillée. *Sie hat sich angezogen.*

Pendant les vacances de février, Aïcha et Bertrand **1.** ______ allés dans les Alpes. Ils **2.** ______ partis en voiture. Ils **3.** ______ dormi dans un hôtel très agréable. Ils **4.** ______ bien mangé. Mais il n'y **5.** ______ pas eu de neige. Alors, ils se **6.** ______ ennuyés. (sich gelangweilt)

En juillet, Marie **7.** ______ fait de la randonnée. Elle s' **8.** ______ levée tous les jours à 8 heures, avec le soleil, et elle **9.** ______ marché 6 heures. Elle **10.** ______ rencontré des gens très sympa et elle s' **11.** ______ bien amusée. Mais le dernier jour, elle **12.** ______ tombée. Elle **13.** ______ fini les vacances à l'hôpital !

9. Die Verneinung im Passé composé

Paul und Louise besuchen Freunde. Setzen Sie die vorgegebenen Verben ins **Passé composé**, denken Sie auch an die Angleichung mit **être**.

116

DIE VERNEINUNG

Die Verneinungselemente **ne** und **pas / plus / rien** etc. umrahmen das Hilfsverb:

Je suis parti.

Je ne suis pas parti.

> **1.** Vous ______ beaucoup de temps pour venir ? (mettre)

> **2.** Non, nous ______ beaucoup de temps. Nous ______ en voiture. (ne pas mettre / venir)

> **3.** Et vous ______ à vos parents quand vous ______ ? (téléphoner / arriver)

> **4.** Ah non, on ______ à ça… (ne pas penser)

LÖSUNGEN

7. 1.A, 2.C / D, 3.G, 4.M, 5.J, 6.L, 7.K, 8.N, 9.H, 10. I, 11. E / F, 12.B

8. 1. sont, 2. sont, 3. ont, 4. ont, 5. a, 6. sont, 7. a, 8. est, 9. a, 10. a, 11. est, 12. est, 13. a

9. 1. avez mis, 2. n'avons pas mis, sommes venus, 3. avez téléphoné, êtes arrivés, 4. n'a pas pensé

10. Präpositionen vor den Ländernamen ◎ 117

Lesen und hören Sie die Beispiele. Ergänzen Sie dann die Sätze unten mit dem richtigen Artikel bzw. Präposition und dem Land.

L'Italie, c'est romantique !

Vous connaissez **la** France ?

J'adore **le** Danemark.

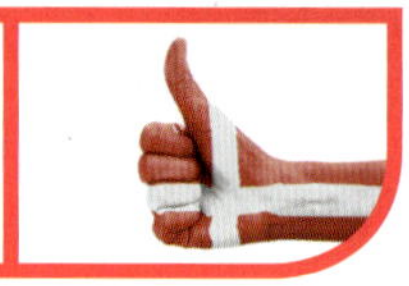

Nous avons voyagé **en** Italie, **en** France et **au** Danemark.

LÄNDERNAMEN UND ARTIKEL

Im Französischen haben die Ländernamen einen bestimmten Artikel.
Die meisten Länder auf **-e** sind weiblich:
l'Allemagne, la France, l'Espagne.
Einige Ausnahmen sind:
le Mexique, le Mozambique

Alle anderen Ländernamen sind männlich:
le Maroc, le Danemark.
Einige Ländernamen stehen im Plural:
les États-Unis (*Vereinigten Staaten*),
les Pays-Bas (*Niederlande*).

LÄNDERNAMEN UND PRÄPOSITIONEN

Bei weiblichen Ländernamen und Ländernamen, die mit einem Vokal beginnen:

aller en / venir de / d' + Land (ohne Artikel)
aller en France / venir de France

Bei männlichen Ländernamen und Ländernamen im Plural:

aller à / venir de / d' + Artikel + Land
aller au Portugal / venir du Portugal
aller aux États-Unis / venir des États-Unis

Grèce | Portugal | Pays-Bas | Angleterre

1. C'est *au ....* ______________________

2. Paul va ______________________

3. Emma va ______________________

4. Silas vient ______________________

11. Mois et saisons – Monate und Jahrezeiten

A. Bringen Sie die Monate in die richtige Reihenfolge und prüfen Sie mit der CD. 118

1. JUIN
2. FÉVRIER
3. MAI
4. JANVIER
5. AVRIL
6. DÉCEMBRE
7. JUILLET
8. MARS
9. AOÛT
10. OCTOBRE
11. SEPTEMBRE
12. NOVEMBRE

Richtige Reihenfolge: ______________________

B. Hören Sie, wie die Jahrezeiten ausgesprochen werden. Schreiben Sie dann unter jede Jahrezeit die Name der passenden Monaten. 119

le printemps

____

____

____

l'été

____

____

____

l'automne

____

____

____

l'hiver

____

____

____

PRÄPOSITIONEN

en mai, en août, en été, en automne, en hiver
Aber: **au printemps**

LÖSUNGEN

10. 1. au Portugal, 2. en Angleterre, 3. aux Pays-Bas, 4. de Grèce

11. A. 4, 2, 8, 5, 3, 1, 7, 9, 11, 10, 12, 6

11. B. 1. mars, avril, mai, 2. juin, juillet, août, 3. septembre, octobre, novembre, 4. décembre, janvier, février

MEINE LERNSEITE

Urlaub

à la mer	*am Meer*
à la montagne	*in den Bergen*
au bord d'un lac	*an einem See*
à la campagne	*auf dem Land*
à l'hôtel	*im Hotel*
dans un gîte rural	*ländliche Ferienwohnung*
sous la tente	*im Zelt*
dans un village de vacances	*in einem Feriendorf*

Jahrezeiten

le printemps	*Frühling*
l'été	*Sommer*
l'automne	*Herbst*
l'hiver	*Winter*

On a passé des vacances super !

Wir haben tolle Ferien verbracht!

Monate

janvier	*Januar*
février	*Februar*
mars	*März*
avril	*April*
mai	*Mai*
juin	*Juni*
juillet	*Juli*
août	*August*
septembre	*September*
octobre	*Oktober*
novembre	*November*
décembre	*Dezember*

Über Vergangenes berichten

D'abord, on visité un musée.	*Zuerst haben wir ein Museum besichtigt.*
Ensuite, on s'est baignés.	*Danach haben wir gebadet.*
Enfin, on est rentrés.	*Schließlich sind wir zurückgekehrt.*
On est partis au ski.	*Wir waren Ski fahren.*
On a fait de la randonnée.	*Wir sind gewandert.*
On a été déçus.	*Wir waren enttäuscht.*
Il a fait beau.	*Das Wetter war schön.*
Il a plu.	*Es hat geregnet.*
On s'est amusés.	*Wir hatten Spaß.*

MEINE POSTKARTE

Versuchen Sie eine Urlaubskarte auf Französisch über Ihren letzten Urlaub zu schreiben. Wem schreiben Sie? Woher? Wie war das Wetter? Was haben Sie unternommen? Haben Sie schöne oder schlechte Erinnerungen?

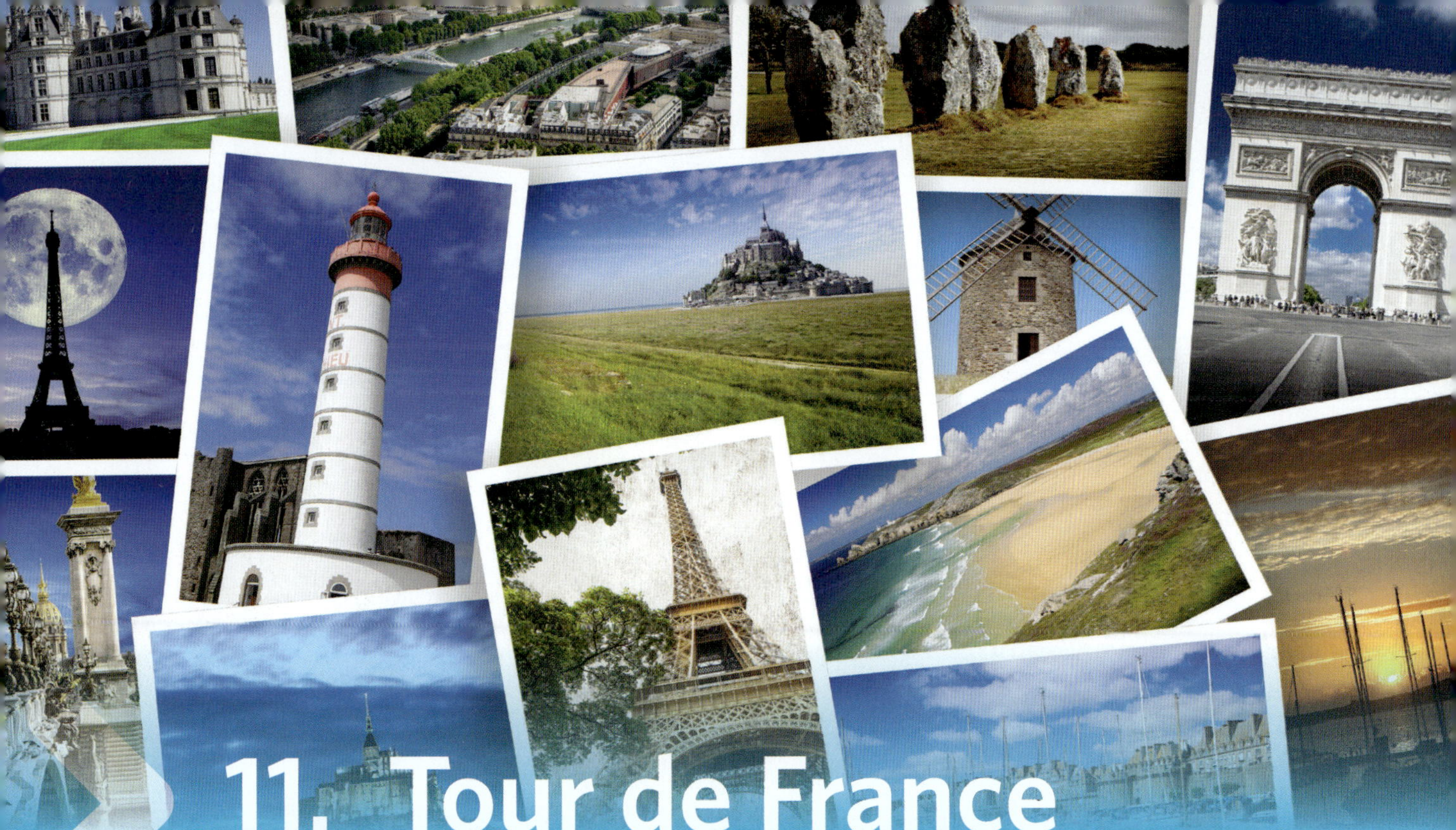

11. Tour de France

Frankreich, vor allem **Paris**, ist ein beliebtes Reiseziel für Touristen aus aller Welt, aber Frankreich ist nicht nur Paris ... Ein großer Vorteil des Landes ist die landschaftliche und kulturelle **Vielfalt** der **Regionen**. Die offizielle Zahl der administrativen Regionen variierte im Laufe der Geschichte und wurde 2014 auf **13** reduziert. Jede hat ihren einzigartigen Charakter, ihre traditionelle Gastronomie, ihre Sehenswürdigkeiten und manchmal auch eine eigene Sprache.

Wortschatz / Kommunikation

- über die französischen Regionen sprechen
- sich bei der Touristeninformation erkundigen
- Landschaften und Sehenswürdigkeiten
- eine Fahrkarte kaufen
- Verkehrsmittel
- erzählen, was man gemacht hat

Grammatik

- die Präpositionen **en**, **dans le**, **dans les** vor geographischen Bezeichnungen
- das **Passé composé** (Wiederholung)
- die Präpositionen **à** und **en** vor den Verkehrsmitteln
- die nahe Vergangenheit mit **venir de**

1. Régions et attractions touristiques – Regionen und Sehenswürdigkeiten

Verbinden Sie die Sehenswürdigkeiten mit der Region, in der sie sich befinden.
Hören Sie dann die CD. 120

1. le mont Saint-Michel

2. le carnaval de Dunkerque

3. le parlement européen

4. les caves à vin

8. les châteaux de la Loire

7. le chemin de Saint-Jacques de Compostelle

6. le parc naturel des Calanques

5. la ville natale de Napoléon

____ A en Normandie
____ B en Provence
____ C dans le Nord
____ D en Bourgogne
____ E en Alsace
____ F en Corse
____ G dans les Pyrénées
____ H dans le Val-de-Loire

2. À l'office de tourisme – Bei der Touristeninformation 121

Lesen Sie die Sätze und finden Sie heraus wer spricht: die Touristin oder die Angestellte der Touristeninformation? Hören Sie dann die Sätze.

1. Bonjour. Vous pouvez nous renseigner (informieren), s'il vous plaît ?

2. Vous pouvez acheter un ticket de bus à la semaine.

3. Voici le plan du réseau de transports (Verkehrsnetz).

4. À quelle heure commence la visite guidée (Führung) ?

5. Le musée est fermé (geschlossen) le mardi.

6. Vous avez une liste des hôtels ou des pensions de la ville ?

7. Le plan de la ville est gratuit (gratis) ou payant (gebührenpflichtig) ?

8. Il y a un café Internet rue Victor Hugo.

A la touriste

______

______

______

______

B l'employée de l'office de tourisme

______

______

______

______

LÖSUNGEN

1. 1.A, 2.C, 3.E, 4.D, 5.F, 6.B, 7.G, 8.H

2. A: 1, 4, 6, 7

B: 2, 3, 5, 8

3. Monuments et paysages – Denkmäler und Landschaften 122

Ordnen Sie jedem Bild das passende Wort zu. Überprüfen Sie dann mit der CD.

___ **A** un château ___ **B** une maison natale ___ **C** un village de caractère ___ **D** une cathédrale

___ **E** un fleuve ___ **F** des falaises ___ **G** une forêt ___ **H** une vigne

4. Qu'est-ce que tu as visité ? – Was hast du besichtigt ? 123

Hören Sie das Gespräch zwischen Elsa und ihrem Freund. Kreuzen Sie die Sätze, die Sie hören, an.

- ☐ **1.** Tu as passé de bonnes vacances ?
- ☐ **2.** On est allés en Normandie.
- ☐ **3.** On a visité Honfleur, la ville des impressionnistes.
- ☐ **4.** On s'est promenés dans la forêt.
- ☐ **5.** Vous avez dormi là-bas ?
- ☐ **6.** Je suis restée à la maison, mais je ne me suis pas reposée (*ausruhen*) une minute !

5. Moyens de transports – Verkehrsmittel 124

Sehen Sie sich die Verkehrsmittel an und hören Sie die Begriffe auf der CD.

1 un bateau

2 un avion

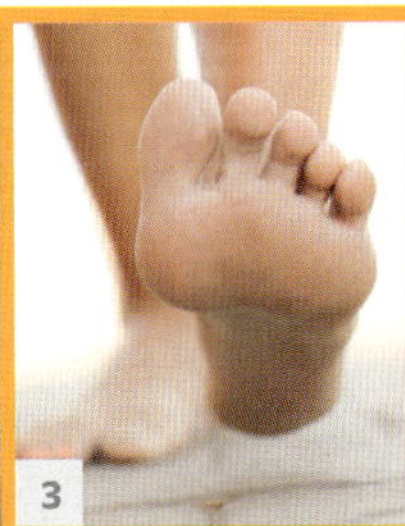
3 un pied

4 un train

5 une voiture

6 un vélo

6. Acheter un billet de train – Eine Fahrkarte kaufen 125

Lesen Sie die Sätze zwischen dem *Reisenden* (**le voyageur**) und dem *Bahnangestellten* (**l'employé de la SNCF**) und ordnen Sie ihnen eine Überschrift zu.

1

Voyageur : Le train pour Nice part à quelle heure ? Et il arrive à quelle heure ?

Employé : Alors.... Le dernier train vient de (*ist gerade*) partir ! Le départ (*Abfahrt*) du prochain train est à 15h30, et son arrivée (*Ankunft*) à 17h24.

___ A über Fahrzeiten sprechen

___ B über die Verbindung sprechen

___ C über den Preis sprechen

___ D über den Sitzplatz sprechen

2

Employé : Vous voyagez en première ou en seconde classe ? Côté fenêtre (*Fenster*) ou côté couloir (*Flur*) ?

3

Employé : Vous avez une carte de réduction (*Ermäßigung*) ?

4

Voyageur : C'est direct ?

Employé : Non, il y a un changement (*Umstieg*).

LÖSUNGEN

3. 1.E, 2.B, 3.A, 4.H, 5.D, 6.F, 7.C, 8.G

4. 2, 3, 5

6. 1.A, 2.D, 3.C, 4.B

7. Präpositionen bei Regionen

Erinnern Sie sich? Sie haben schon gelernt, welche Präpositionen man vor den Ländernamen verwendet. Für die Regionen ist es ähnlich, doch mit einigen kleinen Unterschieden!

ARTIKEL + REGION

Wie bei den Ländern steht vor den Namen der Regionen ein Artikel.

la – wenn der Name der Region auf **- e** endet:
la Provence, la Normandie

l' – wenn der Name der Region mit Vokal beginnt:
l'Île-de-France, l'Auvergne

le – für alle anderen Regionen:
le Limousin, le Languedoc-Rousillon

les – für Gebirge:
les Alpes, les Pyrénées

PRÄPOSITION + REGION

la, **l'** → **en / de**

Je vais en Provence / en Auvergne.
Je suis de Provence / d'Auvergne.

le, **les** → **dans / de** + **Artikel**

Je vais dans le Centre / dans le Nord-Pas-de-Calais.
Je suis du Limousin / du Nord-Pas-de-Calais.
ebenso bei Gebirgsnamen:
dans les Alpes, dans les Pyrénées

RAPPEL - ERINNERUNG

Die Präpositionen vor den Ländernamen:
la France > en / de France
l'Italie > en / d'Italie
le Maroc > au / du Maroc
les Pays-Bas > aux / des Pays-Bas

8. Connaissez-vous la France ? – Kennen Sie Frankreich?

Ergänzen Sie die Sätze mit den richtigen Präpositionen vor der Region. Wählen Sie dann die inhaltlich passende Region aus.

1. Jusque vers les années 1950, les femmes ont porté ce costume traditionnel

☐ **A** ________ Bretagne. ☐ **B** ________ Lorraine.

2. Vous pouvez faire du ski

☐ **A** ________ Provence, dans les Calanques. ☐ **B** ________ Alpes.

3. L'île Saint-Louis se trouve

☐ **A** ________ Normandie. ☐ **B** ________ Île-de-France.

Sprache

4. On parle une langue régionale proche de l'allemand

☐ **A** ________ Alsace. ☐ **B** ________ Aquitaine.

5. Vous n'êtes pas loin de la Belgique quand vous êtes

☐ **A** ________ Nord. ☐ **B** ________ Languedoc-Roussillon.

LÖSUNGEN

8. 1. A. en / en; 2. B. en / dans les; 3. B. en / en; 4. A. en / en; 5. A. dans le / dans le

9. Le passé composé – Das Passé composé

A. In Lektion 10 haben Sie bereits das **Passé composé** gelernt, frischen Sie hier Ihre Kenntnisse auf. Ergänzen Sie die Sätze mit dem passenden Hilfsverb: **être** oder **avoir**.

1. Elle ________ allée en Normandie. **2.** Elle ne s'________ pas amusée.

3. Ils ________ fait du vélo au bord de la Loire. **4.** Ils ________ visité les châteaux.

5. Il ________ dormi sur la plage. **6.** Il s' ________ bien reposé.

7. Mes parents ________ passé la semaine en Champagne.

8. Ils ________ trouvé les vignes magnifiques.

9. Elles ________ parties en bus. **10.** À quelle heure ________ -elles arrivées ?

VERBEN MIT ÊTRE UND AVOIR

Einige Verben (wie **passer**, **descendre**, **monter**), die normalerweise das **passé composé** mit dem Hilfsverb **être** bilden, können mit dem Hilfsverb **avoir** konjugiert werden, wenn ihnen ein direktes Objekt folgt.

Je suis passé chez des amis. *Ich bin bei Freunden vorbeigefahren.*

Aber:

J'ai passé la semaine en Normandie. *Ich habe die Woche in der Normandie verbracht.*

B. Ergänzen Sie die Sätze mit dem Partizip Perfekt. Achten Sie auf die Angleichung des Partizips beim Hilfsverb **être**. Prüfen Sie mit der CD. 126

1. Ils sont ____________ en Normandie. (partir)
2. Ils n'ont pas ____________ la pluie (Regen). (aimer)
3. Puis, ils sont ____________ en Bretagne. (aller)
4. Ils ont ____________ en Champagne. (continuer)
5. Ils sont ____________ par la Lorraine. (passer)
6. Ils ont ____________ chez Marlène. (dormir)
7. Ils ont ____________ en Provence leur petit tour de France. (finir)

C. Ordnen Sie die unregelmäßigen Partizipien dem passenden Verb zu. Prüfen Sie dann mit der CD. 127

1. eu **2.** mis **3.** été **4.** voulu **5.** compris **6.** fait **7.** venu **8.** écrit **9.** lu

____ A venir
____ B comprendre
____ C mettre
____ D avoir
____ E être
____ F écrire
____ G vouloir
____ H lire
____ I faire

LÖSUNGEN

9. A. 1. est, 2. est, 3. ont, 4. ont, 5. a, 6. est, 7. ont, 8. ont, 9. sont, 10. sont

9. B. 1. partis, 2. aimé, 3. allés, 4. continué, 5. passés, 6. dormi, 7. fini

9. C. 1.D, 2.C, 3.E, 4.G, 5.B, 6.I, 7.A, 8.F, 9.H

10. Präposition vor den Verkehrsmitteln ⊚ 128

Lesen Sie die Regel und ergänzen Sie die Sätze mit **en** oder **à**. Prüfen Sie mit der CD.

À ODER EN + VERKEHRSMITTEL

Ist das Verkehrsmittel offen (Füße, Zweiräder, Tiere), dann verwendet man die Präposition **à**. Hat das Verkehrsmittel ein Dach (Auto, Zug, Schiff), dann benutzt man die Präposition **en**.

Ils voyagent à dos de chameau.

Sie reisen mit einem Kamel. (wörtl. *auf dem Rücken von ...*)

1. Il fait le tour de France ______ pied. / ______ vélo. / ______ moto.

Aber:

2. Il fait le tour de France ______ voiture. / ______ bateau. / ______ train. / ______ avion.

In der Umgangsprache wird häufig **en vélo** statt **à vélo** verwendet.

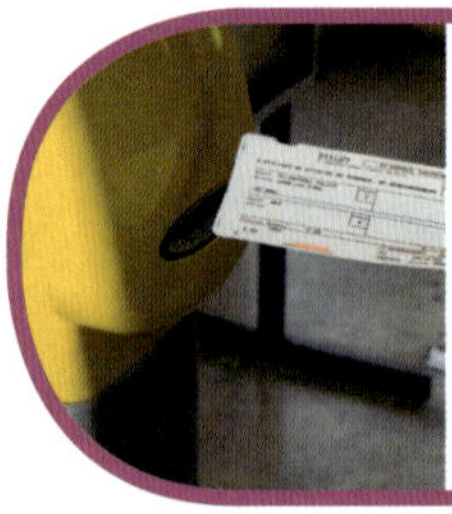

PENSEZ À COMPOSTER !

Achtung: in Frankreich muss man vor der Zugfahrt *die Fahrkarte entwerten* (**composter le billet**).

11. Die nahe Vergangenheit

Mit **venir de + Verb im Infinitiv** kann man eine Handlung schildern, die gerade abgelaufen ist.

Ils viennent de visiter les caves à vin.

Sie haben gerade die Weinkeller besichtigt.

Il vient de faire le tour de France.

Gerade hat er die Frankreichtour gemacht.

12. Mots croisés – Kreuzwörter

Sehen Sie sich die Bilder an und versuchen Sie die Wörter im Buchstabengitter (von links nach rechts oder von oben nach unten) zu finden, wie im Beispiel.

F	A	L	A	I	S	E	S	A
F	V	K	I	F	L	O	N	F
P	I	E	D	S	A	É	V	L
L	O	C	A	V	E	F	I	E
A	N	A	V	É	L	O	G	U
N	É	N	A	M	U	R	N	V
E	I	C	O	N	V	Ê	E	E
C	O	M	P	O	S	T	E	R
S	U	I	B	A	T	E	A	U
S	C	H	Â	T	E	A	U	R

1

2

3

4

5

6

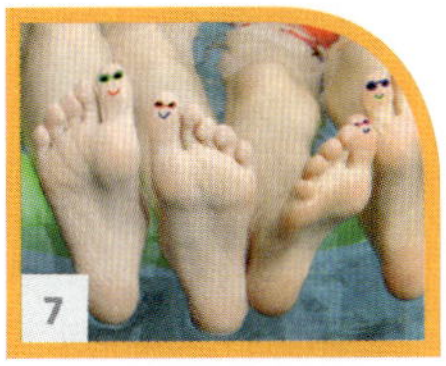
7

8

9

10

11

12

LÖSUNGEN

10. 1. à, 2. en

12. Waagerecht: 7. pieds, 2. cave, 12. vélo, 6. composter, 3. bateau, 10. château

Senkrecht: 9. plan, 8. avion, 4. forêt, 11. vigne, 5. fleuve

Landschaften und Sehenswürdigkeiten

la vigne	*Weinberg*
la forêt	*Wald*
les falaises	*Felsen*
le fleuve	*Fluß*
la maison natale	*Geburtshaus*
le château	*Schloss*
le village	*Dorf*

Regionen

en Bourgogne
en Normandie
en Provence
dans le Nord
dans le Val de Loire
dans les Pyrénées

Verkehrsmittel

à pied	*zu Fuß*
	mit dem ...
à vélo	*Fahrrad*
en voiture	*Auto*
en bateau	*Schiff*
en avion	*Flugzeug*
en train	*Zug*

Bei der Touristeninformation

Vous avez ...	*Haben Sie ...*
un plan du réseau de transports ?	*einen Plan des Verkehrsnetzes?*
une liste des hôtels et pensions ?	*eine Liste mit den Hotels und Pensionen.*
C'est gratuit. / payant.	*Das ist gratis. / kostenpflichtig.*

Eine Fahrkarte kaufen

le départ / l'arrivée	*die Abfahrt / die Ankunft*
Il y a un changement.	*Man muss umsteigen.*
Vous avez une réduction ?	*Haben Sie eine Ermäßigung?*
en première / seconde classe	*in der ersten / zweiten Klasse*
côté fenêtre / côté couloir	*auf der Fensterseite / Flurseite*

Le bateau vient de partir !
Das Schiff ist gerade losgefahren.

ES IST DOCH NICHT VERKEHRT!

Versuchen Sie die neuen Wörter, die Sie lernen möchten, von rechts nach links zu schreiben. Warum? Weil das Gehirn dafür Aufmerksamkeit und Konzentration braucht. Und so merkt es sich die Wörter besser und langfristiger!

12. Faites la fête !

Viele katholische Feste sind in Frankreich Feiertage (z.B. Karfreitag, Pfingsten und Christi Himmelfahrt) oder werden mit weltlichen Traditionen verbunden. Das ist z. B. der Fall beim **mardi gras** (*Faschingsdienstag*), einem Höhepunkt des Karnevals an dem **crêpes** gegessen werden, oder bei **Épiphanie** (*Dreikönigstag*), an dem der traditionelle **galette des rois** (*Marzipankuchen*) gegessen wird. Der **14. Juli** ist in Frankreich der Nationalfeiertag, in Erinnerung an den Sturm auf die Bastille 1789 und der 11. November und 8. Mai erinnern an das Ende des 1. bzw. des 2. Weltkrieges.

Wortschatz / Kommunikation

- über Feste und Feiertage sprechen
- Glückwünsche ausdrücken
- einladen, auf eine Einladung reagieren

Grammatik

- die indirekten Objektpronomen **lui** und **leur**
- die Verben **offrir**, **pouvoir**, und **devoir**
- einige besondere Pluralformen

1. Le calendrier des fêtes – Festtagskalender 129

Ordnen Sie jedem Bild das passende Fest zu.

1

2

3

4

5

6

7

8

9

10

____ A le Jour de l'an (le 31 décembre)
____ B l'Épiphanie (ou la fête des rois, le 6 janvier)
____ C le Carnaval (en février)
____ D la Saint Valentin (le 14 février)
____ E Pâques (en mars ou en avril)
____ F la fête du travail (le premier mai)
____ G la fête de la musique (le 21 juin)
____ H la fête nationale (le 14 juillet)
____ I la Toussaint (le premier novembre)
____ J Noël (le 25 décembre)

DAS DATUM

en février, en mars
aber:
le quatorze juillet
le vingt et un juin
le trente et un décembre
Achtung:
le premier mai
le premier janvier

2. Des fêtes françaises – Französische Feste (130)

Lesen Sie und ergänzen Sie die Texte mit den vorgegebenen Wörtern. Hören Sie sich dann die Texte an.

travaille | célébrer | carnaval | bonbons

L'ÉPIPHANIE

Jésus est né le 25 décembre. Le 6 janvier, les rois mages lui offrent des cadeaux (überreichen Geschenke). Aujourd'hui, pour **1.** ________ ce jour, on mange la galette des rois. Dans la galette se trouve une fève. Si vous la trouvez, vous êtes le roi (König) ou la reine (Königin) de la fête!

MARDI GRAS

C'est le début (Anfang) du **2.** ________. Les enfants se déguisent (sich verkleiden). Dans certaines (bestimmten) régions, les enfants passent dans les maisons et on leur donne (gibt) des **3.** ________ ou des petits gâteaux. Le soir, on fait des crêpes.

LA FIN DES GUERRES

En France, le 8 mai et le 11 novembre sont des jours fériés (Feiertage). On ne **4.** ________ pas. On célèbre la fin des guerres (Ende der Kriege).

LÖSUNGEN

1. 1.C, 2.G, 3.A, 4.D, 5.F, 6.J, 7.E, 8.H, 9.I, 10.B

2. 1. célébrer, 2. carnaval, 3. bonbons, 4. travaille

3. Tous nos vœux de bonheur ! – Unsere herzlichsten Glückwünsche! 131

Ordnen Sie jedem Bild den passenden Glückwunsch zu. Hören Sie sich dann die Wünsche an.

___ A Joyeux Noël !

___ B Bonne année !

___ C Bon anniversaire !

___ D Tous nos vœux de bonheur !

___ E Bienvenue !

___ F Félicitations pour ton succès !

BON / BONNE

Vor einem Substantiv, das mit Vokal beginnt, wird das männliche Adjektiv **bon** durch die **liaison** genauso ausgesprochen wie die weibliche Form **bonne**:

un bon week-end [bõ]

un bon anniversaire [bon]

4. Cartes de vœux – Glückwunschkarten

Verbinden Sie die Glückwunschkarten mit den entsprechenden Ereignissen.

A UN ANNIVERSAIRE

B UN EXAMEN

C UNE NAISSANCE

D LES FÊTES DE FIN D'ANNÉE

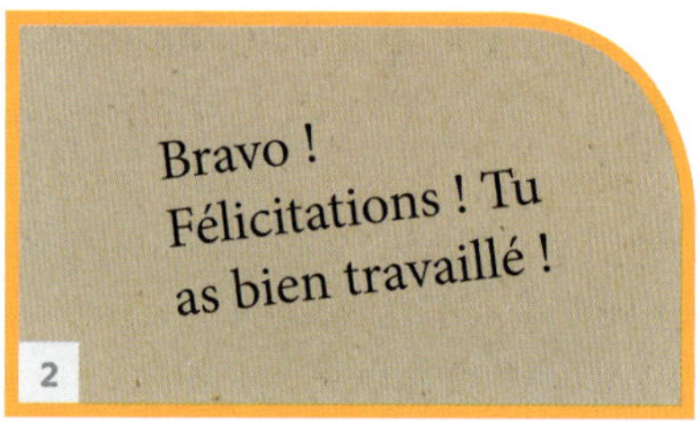

___ A.

___ B.

___ C.

___ D.

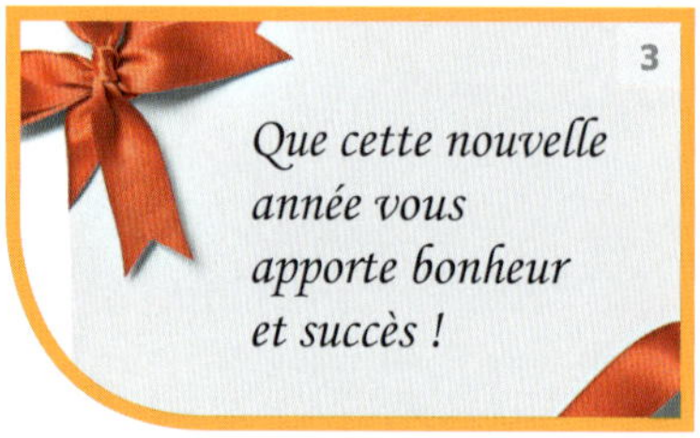

5. L'invitation – Die Einladung

Lesen Sie die Einladung und die Antworten und antworten Sie auf die Fragen.

Bonjour tout le monde !

40 ans ... ça se fête (das feiert man), non ?

Je vous invite donc chez moi samedi prochain, à partir de 21 heures, pour faire la fête ensemble. Merci de confirmer (bestätigen).

À bientôt !

Bérangère

Chère Bérangère,

Désolée mais je ne peux pas venir samedi. Je dois aller à Hambourg, en Allemagne, pour le travail.

Je pense à toi.

Bisous, Véro

Bon anniversaire Bérangère !

(Et ça rime (es reimt) !) On veut absolument être là pour tes 40 ans ! On vient ! On doit apporter (mitbringen) quelque chose ?

Lucie et Mehdi

1. Quand est-ce que Bérangère fête son anniversaire ?

____

2. Qui refuse (lehnt... ab) l'invitation ?

____

3. Qui accepte (nimt... an) l'invitation ?

____

Salut Béran'

Merci pour l'invitation ! Je viens volontiers.

Tu as une idée de cadeau ?

Bises, Léo

LÖSUNGEN

3. 1.E, 2.C, 3.B, 4.F, 5.A, 6.D

4. 1.A, 2.B, 3.D, 4.C

5. 1. samedi prochain à partir de 21 heures
2. Véro refuse.
3. Léo, Lucie et Mehdi acceptent.

6. Die indirekten Objektpronomen 132

Sie haben schon die direkten Objektpronomen (**l'**, **le**, **la**, **les**) in der Lektion 8 kennengelernt. Nun lernen Sie hier die indirekten Objektpronomen. Lesen Sie die Beispiele und die Regeln. Ergänzen Sie dann die Sätze unten mit **lui** oder **leur** und überprüfen Sie Ihre Antworten mit der CD.

Qu'est-ce qu'on offre à Mélanie ?

Qu'est-ce qu'on lui offre ?

Vous avez souhaité un bon anniversaire aux enfants ?

Vous leur avez souhaité un bon anniversaire ?

Die indirekten Pronomen ersetzen indirekte Objekte, die mit **à** an ein Verb angeschlossen werden, z.B. **offrir quelque chose à quelqu'un** (*jdm. etw. schenken*). Sie entsprechen meistens dem deutschen Dativ.

On offre un cadeau à Mélanie.

un cadeau: direktes Objekt – à Mélanie: indirektes Objekt

Singular	lui
Plural	leur

1. Vous avez écrit une carte de vœux **à vos grands-parents** ? - Oui, nous ________ avons écrit une carte de vœux.

2. Et **à Stéphane** ? Tu ne ________ dis pas « bonjour » ?

3. Qu'est-ce que tu offres **à ta mère** pour la Fête des mères ? - Je ________ offre des fleurs.

7. Direkte und indirekte Objektpronomen 133

Hier sehen Sie nochmals die direkten Objektpronomen. Ergänzen Sie den Dialog unten, indem Sie das richtige direkte oder indirekte Pronomen auswählen. Hören Sie sich dann den Dialog an.

direkte Objektpronomen		
Singular	le / l'	la / l'
Plural	les	

- Tu n'es pas allé à l'anniversaire de Stéphanie ?

- Oh là là ! L'anniversaire de Stéphanie ! Je **1.** l' / le ai complètement oublié !

- Ah bon ? Tu ne **2.** la / lui as pas téléphoné ? Tu ne **3.** la / lui as pas envoyé (schicken) de sms ?

- Non ... Et tu t'es bien amusée à la fête ?

- Oui. Elle a des copains sympas. Tu **4.** leur / les connais ?

- Non, pas vraiment. Enfin... un peu.

- Ils **5.** les / lui ont offert une tablette numérique.

- Ah... Tu crois (glauben) que je **6.** la / l' appelle ?

- Pourquoi pas ? Il n'est jamais trop tard...

8. Das Verb offrir (*schenken*) 134

Offrir ist ein besonderes Verb auf **-ir**, da es die gleichen Endungen wie ein Verb auf **-er** hat. Ergänzen Sie die Konjugation von **offrir** mit Hilfe der Konjugation der Verben auf **-er**, die Sie schon kennen. Überprüfen Sie anschließend mit der CD.

UNREGELMÄSSIG

offrir *anbieten, schenken*

j'	**1. offr___**
tu	**2. offr___**
il / elle	**3. offr___**
nous	**offrons**
vous	**offrez**
ils / elles	**4. offr___**
(passé composé:	**j'ai offert**)

LÖSUNGEN

6. 1. leur, 2. lui, 3. lui

7. 1. l', 2. lui, 3. lui, 4. les, 5 lui, 6. l'

8. 1. offre, 2. offres, 3. offre, 4. offrent

9. Die Verben pouvoir (*dürfen, können*) und devoir (*sollen, müssen*) 135

Diese beiden Verben sind unregelmäßig. Lesen Sie die Beispiele und ergänzen Sie die Verbkonjugation. Prüfen Sie mit der CD. Vergleichen Sie die Konjugationen mit **vouloir**, das Sie schon aus Lektion 8 kennen.

On peut aller à la fête de la musique, si tu veux.

Vous pouvez regarder l'appareil ?

Vous devez absolument confirmer !

POUVOIR - VOULOIR

In Lektion 8 haben Sie bereits **vouloir** kennengelernt. **Pouvoir** wird ähnlich wie **vouloir** konjugiert. Zur Erinnerung: **je veux**, **tu veux**, **il veut**, **nous voulons**, **vous voulez**, **ils veulent** passé composé: **j'ai voulu**

UNREGELMÄSSIG

pouvoir *können, dürfen*

je	**peux**
tu	**peux**
il / elle	**1.** ____________
nous	**pouvons**
vous	**2.** ____________
ils / elles	**peuvent**
(passé composé:	**j'ai pu**)

UNREGELMÄSSIG

devoir *sollen, müssen*

je	**dois**
tu	**dois**
il / elle	**doit**
nous	**devons**
vous	**3.** ____________
ils / elles	**doivent**
(passé composé:	**j'ai dû**)

10. Pouvoir, vouloir oder devoir ? 136

Ergänzen Sie die Sätze mit einem der drei Verben in der richtigen Form. Manchmal gibt es auch mehrere richtige Antwortmöglichkeiten. Hören Sie sich dann die Sätze an.

1. ________-vous danser avec moi ?

Désolée... Je ne **2.** ________ pas: il est minuit et je **3.** ________ rentrer.

Je **4.** ________ vraiment me déguiser ? Vous ne **5.** ________ pas trouver un vrai lapin ?

einen echten Hase

Qu'est-ce que tu **6.** ________ faire pour la Saint Valentin ?

Je ne sais pas. On **7.** ________ aller au restaurant...

C'est la fête de la musique ! On **8.** ________ écouter des concerts toute la nuit.

Nous ne **9.** ________ pas venir à ta fête : nous **10.** ________ travailler.

LÖSUNGEN

9. 1. peut, 2. pouvez, 3. devez

10. 1. voulez, 2. peux, 3. dois, 4. dois, 5. voulez / pouvez, 6. veux, 7. peut, 8. peut, 9. pouvons, 10. devons

11. Einige besondere Pluralformen

A. Sie wissen bereits, dass die meisten französischen Substantive bzw. Adjektive den Plural durch Anhängen eines **-s** bilden, das jedoch meist nicht ausgesprochen wird. Einige Substantive haben aber besondere Pluralformen. Lesen Sie die Regeln und ordnen Sie ihnen die entsprechenden Beispielpaare zu.

1

Singular: **-s / -x / -z**
Plural: **unverändert**

Substantive und Adjektive, die auf **-s**, **-x** oder **-z** enden, erhalten **kein** zusätzliches Pluralzeichnen.

____

2

Singular: **-au / -eau / -eu / -œu**
Plural: **+ -x**

Substantive und Adjektive, die auf **-au**, **-eau**, **-eu** und **-œu** enden, erhalten im Plural die Endung **-x**.

____

3

Singular: **-al**
Plural: **> -aux**

Substantive und Adjektive, die auf **-al** enden, haben im Plural die Endung **-aux**.

! Nur wenige Ausnahmen, wie **carnaval**, **bal**, **festival**, haben im Plural ein **-s**.

____

A C'est un **beau cadeau** !
Ce sont de **beaux cadeaux** !

B C'est un **signal original**.
Ce sont des **signaux originaux**.

C J'aime aller au **bal**.
J'aime aller aux **bals** de la région.

D Il est **joyeux**.
Ils sont **joyeux**.

E Fais un **vœu**.
Fais trois **vœux**.

F C'est un grand **succès**.
Ce sont de grands **succès**.

B. Schreiben Sie den Plural der folgenden Substantive und Adjektive in die Lücke. Überprüfen Sie die Form mit Hilfe der CD. 137

un gâteau délicieux | 1. des ______________

un enfant joyeux | 2. des ______________

un drapeau national | 3. des ______________

un vieux château | 4. des ______________

12. Das Schlusswort

Lösen Sie das Bilderrätsel. Die umrahmten Buchstaben ergeben das Lösungswort, das Sie nach dieser Lektion verdient haben.

1.	B	O	N	B	O	N	S	
2.								
3.								
4.								
5.								

5.

2.

4.

3.

1.

Lösungswort : ______________

LÖSUNGEN

11. A. 1. D, F; 2. A, E; 3. B, C

11. B. 1. gâteaux délicieux, 2. enfants joyeux; 3. drapeaux nationaux, 4. vieux châteaux

12. 2. roi, 3. cadeaux, 4. carnaval, 5. Noël, Lösungswort: bravo

Glückwünsche

Bonne année !	*Frohes neues Jahr!*
Joyeux Noël !	*Frohe Weihnachten!*
Bon anniversaire !	*Herzlichen Glückwunsch zum Geburtstag!*
Félicitations !	*Glückwünsche!*
Bienvenue !	*Willkommen!*

Tous nos vœux de bonheur !

Unsere herzlichsten Glückwünsche!

Feste und Feiertage

le jour de l'An	*Neujahrstag*
l'Épiphanie	*Dreikönigsfest*
le carnaval	*Karneval, Fasching*
Mardi gras	*Faschingsdienstag*
la Saint Valentin	*Valentinstag*
Pâques	*Ostern*
la fête du travail	*Tag der Arbeit*
la fête de la musique	*Fest der Musik*
la fête des mères / pères	*Mutter- / Vatertag*
la fête nationale	*Nationalfeiertag*
la Toussaint	*Allerheiligen*
Noël	*Weihnachten*

Einladen

Je vous invite chez moi.	*Ich lade euch zu mir nach Hause ein.*
Vous pouvez venir ?	*Könnt ihr kommen?*
À partir de 20 heures.	*Ab 20 Uhr.*
Merci de confirmer.	*Bitte bestätigen.*

Eine Einladung annehmen

Je viens volontiers.	*Ich komme gern.*
On apporte quelque chose ?	*Sollen wir etwas mitbringen?*

Qu'est-ce qu'on leur offre à Noël ?

Was schenken wir ihnen zu Weihnachten ?

Eine Einladung ablehnen

Désolé(e).	*Das tut mir leid.*
On ne peut pas venir.	*Wir können nicht kommen.*

GLÜCKWUNSCHKARTE

Schreiben Sie eine Glückwunschkarte. Die Gelegenheit kann eine Geburt, ein Geburtstag oder eine Hochzeit sein. Benutzen Sie die passenden Glückwünsche.

13. Autrefois

« Je me souviens des jours anciens et je pleure. » *(„Ich erinnere mich an frühere Tage und weine.")*, schrieb der Dichter Verlaine, dessen Text der Sänger Serge Gainsbourg vertont hat. Müssen **souvenirs** (*Erinnerungen*) an die Vergangenheit aber unvermeidlich mit Nostalgie und Traurigkeit verbunden sein? Natürlich wissen wir alle: **C'était mieux avant.** *Früher war es besser.* Und laut einer Umfrage scheinen die Franzosen sogar noch nostalgischer zu sein als andere Völker Europas.

Wortschatz / Kommunikation

- Lebensabschnitte und Ereignisse
- ein Ereignis in der Vergangenheit beschreiben
- über Gewohnheiten in der Vergangenheit sprechen

Grammatik

- das **Imparfait**
- der Indefinitbegleiter **tout**, **tous**, **toute**, **toutes**
- die betonten Pronomen

1. Les périodes de la vie – Lebensabschnitte ◎ 138

Ordnen Sie jedem Lebensabschnitt auf dem Bild den passenden Begriff zu. Hören Sie sich dann die Begriffe auf der CD an.

___ **A** l'adolescence

___ **B** la vieillesse

___ **C** l'enfance

___ **D** l'âge adulte

2. De la naissance à la mort – Von der Geburt bis zum Tod ◎ 139

Können Sie diese lebenseinschneidenden Ereignisse zuordnen? Ordnen Sie jedem Bild das passende Ereignis zu und hören Sie sich diese anschließend an.

___ **A** la naissance

___ **B** le premier amour

___ **C** le permis de conduire

___ **D** le mariage et les enfants

___ **E** la retraite

___ **F** la mort

3. Quand j'étais petite... – Als ich klein war ... 140

Alice erzählt hier, wie es früher war und wie es heute ist. Lesen und hören Sie mit. Finden Sie heraus, was gleich geblieben ist.

Quand j'étais petite, j'étais une enfant turbulente.

Aujourd'hui, je suis une personne plutôt calme.

J'avais les cheveux bouclés.

J'ai toujours la même coiffure (Frisur) **!**

Tous les ans, en été, on allait en vacances chez mes grands-parents. Eux, ils venaient nous voir (kamen uns besuchen) **à Noël.**

Maintenant (Jetzt)**, mes grands-parents** sont morts (sind gestorben)**. En été, je pars en vacances avec mes enfants et mon mari. Je n'ai pas encore de petits-enfants...**

LÖSUNGEN

1. 1.C, 2.A, 3.D, 4.B,

2. 1. B, 2. C, 3. F, 4. E, 5. A, 6.D

3. Elle a toujours la même coiffure. *Sie hat immer noch die gleiche Frisur.*

4. Autobiographie – Autobiografie 141

Lesen Sie den folgenden Auszug aus Catherines Erinnerungen und hören Sie zu. Welches Bild passt zu welchem Abschnitt ihrer Erzählung? Ordnen Sie zu.

1

2

3

4

5

___ **A** J'habitais avec ma famille à la campagne, dans un petit village d'Alsace. Nous étions une famille nombreuse (zahlreich) : j'avais quatre frères et trois sœurs. J'étais la plus jeune.

___ **B** Tous les matins, nous allions à l'école à pied. C'était un peu loin, mais on s'amusait bien en route. Les maîtres (Lehrer) étaient sévères mais nous n'avions pas peur (Angst) d'eux. Nous avions l'habitude (Gewohnheit) !

___ **C** Le jeudi, on n'avait pas école. On passait toute la journée dans les champs, pour aider nos parents. Ils étaient agriculteurs (Landwirte).

___ **D** Le dimanche, on allait à l'église (Kirche). La religion était importante à cette époque. C'était aussi l'occasion (Gelegenheit) de rencontrer et de discuter avec les gens (Leute) du village.

___ **E** La vie n'était pas facile (leicht) tous les jours. Mais aujourd'hui, je pense encore à cette période de ma vie, mon enfance, et j'ai un peu de nostalgie...

5. À cette époque – Zu dieser Zeit

A. Lesen Sie Catherines Erinnerungen in der Aufgabe 4 noch einmal und verbinden Sie die Wörter bzw. Sätze mit der entsprechenden Bedeutung.

1. une famille nombreuse	____	**A** die Felder
2. les maîtres	____	**B** die Grundschullehrer
3. Nous n'avions pas peur d'eux.	____	**C** einfach
4. C'était l'occasion de discuter avec les gens.	____	**D** den ganzen Tag
5. toute la journée	____	**E** eine Mehrkindfamilie
6. les champs	____	**F** helfen
7. aider	____	**G** Wir hatten keine Angst vor ihnen.
8. agriculteurs	____	**H** Landwirte
9. facile	____	**I** Das war eine Gelegenheit mit den Leuten zu reden.

LE MAÎTRE - LE PROFESSEUR

Früher nannte man den Grundschullehrer **le maître / la maîtresse**, das sagen Kinder heute immer noch. Offiziell heißt der Beruf allerdings **un / une professeur (des écoles)** *ein / -e Lehrer / -in.*

B. Welche der folgenden Sätze sind richtig (**vrai**) und welche falsch (**faux**) ? Kreuzen Sie an.

	VRAI	FAUX
1. Il y avait 8 enfants dans la famille.	☐	☐
2. Catherine prenait le bus pour aller à l'école.	☐	☐
3. Les professeurs étaient sympathiques.	☐	☐
4. Le jeudi, les enfants travaillaient dans les champs.	☐	☐
5. Le dimanche, on parlait avec les gens du village.	☐	☐

LÖSUNGEN

4. 1.C, 2.D, 3.B, 4.E, 5.A

5. A. 1.E, 2.B, 3.G, 4.I, 5.D, 6.A, 7.F, 8.H, 9.C

5. B. vrai: 1, 4, 5; faux: 2, 3

6. Bildung des Imparfait

A. Sie kennen bereits das **Passé composé**, um über Geschehnisse in der Vergangenheit zu erzählen. In Catherines Erzählung waren jedoch andere Verbformen zu finden: **j'habitais**, **j'étais**, **j'avais** ... Dabei handelt es sich ebenfalls um eine Zeit der Vergangenheit, das **Imparfait**. Lesen Sie die Beispiele hier und ergänzen Sie in der Tabelle unten die Endungen des **Imparfait**.

Quand j'étais **adolescente, j'**avais **un look un peu spécial.**

Ma meilleure copine et moi, nous aimions **le même garçon.**

Mes parents ne me comprenaient **pas toujours.**

IMPARFAITSTAMM

avoir › nous avons ›
Imparfait: **av-**
aimer › nous aimons ›
Imparfait: **aim-**
comprendre › nous comprenons ›
Imparfait: **compren-**

Stamm der 1. Person Plural im Präsens + **Endung**

EINE AUSNAHME IM IMPARFAIT

Nur das Verb **être** folgt beim Imparfaitstamm nicht der Regel: **nous sommes** (*wir sind*) aber **nous étions** (*wir waren*). Der Stamm von **être** im Imparfait lautet also **ét-**:
j'étais, tu étais, il / elle était,
nous étions, vous étiez, ils / elles étaient

je			1. ________
tu			-ais
il / elle			-ait
	av-	+	
nous			2. ________
vous			-iez
ils / elles			3. ________

B. Die Endungen **-ais**, **-ait** und **-aient** des **Imparfait** werden alle wie ä ausgesprochen. Lesen Sie nun das Verb **avoir** im **Imparfait** und überprüfen Sie seine Aussprache mit der CD. 142

AVOIR

j'avais	nous avions
tu avais	vous aviez
il / elle avait	ils / elles avaient

C. Ergänzen Sie die Tabelle mit der richtigen Verbform.

Infinitiv	Präsens nous...	Imparfait je...	Imparfait nous...
comprendre	comprenons	comprenais	1. ______
aller	2. ______	3. ______	allions
finir	finissons	4. ______	5. ______
partir	6. ______	7. ______	8. ______
devoir	9. ______	10. ______	11. ______

7. Verwendung des Imparfait

Hier sehen Sie einige Beispiele für die Verwendung des Imparfait. Ordnen Sie diese Kategorien den entsprechenden Beispielsätzen zu.

1 Beschreibung einer Person
2 Beschreibung einer Situation
3 Beschreibung der Gefühle
4 Regelmäßigkeit

____ A J'avais les cheveux bouclés.

____ B La vie n'était pas facile.

____ C Tous les jours, nous allions à l'école à pied.

____ D Les enfants n'avaient pas peur des professeurs.

LÖSUNGEN

6. A. 1. ais, 2. ions, 3. aient

6. C. 1. comprenions, 2. allons, 3. allais 4. finissais, 5. finissions, 6. partons, 7. partais, 8. partions, 9. devons, 10. devais, 11. devions

7. 1.A, 2.B, 3.D, 4.C

8. Heute und früher. Was hat sich geändert ? ◎ 143

Vergleichen Sie *früher* (**autrefois**) mit *heute* (**aujourd'hui**), indem Sie die Verben aus dem ersten Satz im Präsens im zweiten Satz ins Imparfait setzen. Hören Sie sich dann die Sätze zur Kontrolle an.

aujourd'hui | **autrefois**

On écoute de la musique sur son smartphone.

1. On ________ la radio.

Nous envoyons des sms.

2. Nous ________ des lettres.

Nous faisons les courses au supermarché.

3. Ils ________ les courses à l'épicerie.

Il y a beaucoup de trafic (Verkehr) dans les rues.

4. Il y ________ peu de trafic dans les rues.

Je finis le travail à 18 heures.

5. Je ________ l'école à 16 heures 30.

9. Der Indefinitbegleiter tout, tous, toute, toutes

A. Sehen Sie sich die Formen von **tout** an.

Singular	tout	toute
Plural	tous	toutes

ANGLEICHUNG

Der Indefinitbegleiter **tout** (*alle*) wird an das Nomen, das er begleitet, in Zahl und Geschlecht angeglichen.

BEDEUTUNG VON TOUT

Singular: **tout**, **toute** = *ganz*
tout le temps *die ganze Zeit*, **toute la nuit** *die ganze Nacht*
Plural: **tous**, **toutes** = *alle, jeder / jede / jedes*
tous les jours *jeden Tag*, **toutes les fois** *jedes Mal*
Man kann **tous** und **toutes** auch mit **chaque** (*jeder*) ersetzten.

B. Lesen Sie die folgenden Beispielsätze und hören Sie diese an. Entscheiden Sie, in welchen Fällen die Ausdrücke mit **tout** eine Dauer und in welchen eine Häufigkeit ausdrücken. 144

	A DAUER	B HÄUFIGKEIT
1. Ma mère se levait tous les matins et préparait le pétit-déjeuner.	☐	☐
2. Elle travaillait toute la matinée.	☐	☐
3. Moi, j'allais à l'école tous les jours.	☐	☐
4. J'étais en classe toute la journée.	☐	☐
5. Tous les soirs, on se retrouvait vers 19 heures.	☐	☐
6. Toute la soirée, on discutait ensemble.	☐	☐
7. Nous partions en vacances tous les ans chez mes grand-parents à Nice.	☐	☐
8. Mes cousins étaient aussi à Nice tout l'été.	☐	☐

LÖSUNGEN

8. 1. écoutait, 2. envoyions, 3. faisaient, 4. avait, 5. finissais

9. B. A. 2, 4, 6, 8; B. 1, 3, 5, 7

10. Die betonten Pronomen ◎ 145

Sehen Sie sich die betonten Subjektpronomen an und lesen Sie, wann diese verwendet werden. Wählen Sie anschließend das passende Pronomen in den Sätzen unten aus und prüfen Sie mit der CD.

Nach dem unbetonten Subjektpronomen **je**, **tu**, **il / elle** etc. folgt unmittelbar ein Verb:
Je fais les courses.
Nach den betonten Pronomen folgt kein Verb. Die betonten Subjektpronomen verwendet man:
> um das Subjekt im Satz zu betonen. In diesem Fall stehen das betonte und unbetonte Pronomen (oder das Subjekt) im Satz:
Moi, j'allais à l'école tous les jours.
Mes grands-parents, eux, venaient nous voir à Noël.
> nach Präpositionen:
J'allais souvent chez lui. / Je n'avais pas peur d'eux.
> nach **et** oder **c'est / ce sont** und in Sätzen ohne Verb:
C'est moi ! / J'aime le sport. Et toi ? / Qui veut du café ? - Moi !

1. Je / Moi, quand j'étais jeune, j'habitais à la campagne. Et tu / toi ?
2. Aujourd'hui, je n'ai pas d'enfants. Mon frère, il / lui, a un fils et deux filles.
3. Stéphane et Fred, ce sont mes deux grands amis d'enfance. Je suis toujours en contact avec ils / eux. Ils / Eux sont très sympa.
4. Tu / Toi viens chez je / moi ce soir ?

11. Versteckte Wörter

Finden Sie das Wort, das sich im Gitter versteckt. Sie können die Buchstaben von links nach rechts, von rechts nach links, von oben nach unten oder von unten nach oben lesen. Der erste Buchstabe ist hervorgehoben. Achtung: nicht alle Buchstaben werden verwendet.

E	I	L	L
I	V	A	E
B	E	S	S

1. la viellesse

A	S	C	I
D	E	E	N
O	L	E	C

2. l' ____________

U	C	I	R
L	B	A	G
T	E	U	R

3. un ____________

A	I	R	E
N	S	B	C
I	S	A	N

4. un cadeau de ____________

E	U	S	E
R	B	M	O
T	O	Y	N

5. une famile ____________

Q	R	N	É
L	U	O	E
M	A	J	H

6. toute la ____________

LÖSUNGEN

10. 1. Moi, toi; 2. lui; 3. eux, Ils; 4. Tu, moi

11. 2. adolescence, 3. agriculteur, 4. naissance, 5. nombreuse, 6. journée

Lebensabschnitte

l'enfance	*Kindheit*
l'adolescence	*Jugend*
l'âge adulte	*Erwachsenenalter*
la vieillesse	*Alter*

Nous, on habitait à la campagne.
Wir wohnten auf dem Land.

Lui, il habitait en ville.
Er wohnte in der Stadt.

le premier amour
die erste Liebe

Lebensereignisse

la naissance	*Geburt*
le permis de conduire	*Führerschein*
le mariage	*Hochzeit / Ehe*
la retraite	*Rente*
la mort	*Tod*

Regelmäßigkeit und Dauer

tous les matins	*jeden Morgen*
tous les jours	*jeden Tag*
tous les ans	*jedes Jahr*
toute la matinée	*den ganzen Morgen*
toute la journée	*den ganzen Tag*
toute l'année	*das ganze Jahr*

Über etwas in der Vergangenheit erzählen

Autrefois...	*Früher ...*
Quand j'étais enfant / petit...	*Als ich ein Kind / klein war ...*
À cette époque...	*Damals ...*
Nous étions une famille nombreuse.	*Wir waren eine große Familie.*
Tous les ans, on allait chez mes grands-parents.	*Jedes Jahr fuhren wir zu meinen Großeltern.*
Ils prenaient le bus tous les jours.	*Sie nahmen jeden Tag den Bus.*

SOUVENIRS, SOUVENIRS ...

Schreiben Sie doch mal einige Sätze über Ihre eigene Kindheit auf. Wie war es früher? Woran erinnern Sie sich noch gerne? Verwenden Sie zum Beispiel folgende Ausdrücke: **Autrefois... / Quand j'étais enfant... / À cette époque... / Tous les ans... / Tous les jours...**

14. Émotions

Wer Kontakt zu Franzosen hat, wird eins schnell merken: sie verstecken ihre Emotionen nicht. Das zeigt sich in ihren Wutanfällen, ihrer Freude, ihrem Lachen, ihren Sorgen. Es ist also nicht verwunderlich, wenn eine Person, die man noch nicht lange kennt, einem persönliche oder sogar intime Sachen anvertraut. Meistens sprechen die Franzosen über ihre Emotionen und Gefühle, ohne sich Gedanken über einen möglicherweise angebrachten Abstand zu machen. Dadurch werden Freundschafts- und Liebesverhältnisse schnell auf- aber auch abgebaut.

Wortschatz / Kommunikation

- über Gefühle sprechen
- ein Ereignis in der Vergangenheit erzählen

Grammatik

- die Fragewörter **qu'est-ce qui** und **qu'est-ce que**
- der Unterschied zwischen **Imparfait** und **Passé composé**
- weitere direkte und indirekte Objektpronomen (**me, te, vous, nous**)
- Verben auf **-dre** wie **rendre**

1. Émotions - Emotionen 146

Ordnen Sie jedem Bild die passende Emotion zu. Hören Sie sich die Begriffe an.

_____ A la joie

_____ B la tristesse

_____ C la peur

_____ D la surprise

_____ E la colère

_____ F la jalousie

_____ G l'euphorie

_____ H la timidité

_____ I l'ennui

2. Qu'est-ce qui vous touche ? Was berührt Sie? 147

Hören Sie sich die CD an und finden Sie heraus, was die Leute berührt. Manchmal sind auch zwei Antworten möglich.

WUT

1. Qu'est-ce qui vous met en colère ?

ANGST

2. Qu'est-ce qui vous fait peur ?

SCHÜCHTERNHEIT

3. Qu'est-ce qui vous intimide ?

TRAURIGKEIT

4. Qu'est-ce qui vous rend triste ?

LACHEN

5. Qu'est-ce que vous trouvez particu-lièrement (besonders) drôle ?

___/___ **A** l'humour des copains

___/___ **B** la pluie

___/___ **C** les gens qui n'écoutent pas.

___/___ **D** les araignées

___/___ **E** l'amour ...

___/___ **F** les problèmes d'ordinateur

___/___ **G** le loup

___/___ **H** les grimaces

LÖSUNGEN

1. 1.C, 2.D, 3.E, 4.G, 5.A, 6.H, 7.F, 8.I, 9.B

2. 1. C, F; 2. D, G; 3. E; 4. B; 5. A, H

3. Ça fait peur. – Das macht Angst. 148

Lesen und hören Sie die kleine Gruselgeschichte. Welche Verben nennen die **Ereignisse** (Frage: **Was geschah?**)? Welche Verben beschreiben eine Situation (Frage: **Was war? / Wie war … ?**)?

Il était tard.
Il faisait nuit.

Dehors, il y avait
komisch
des gens bizarres**.**

plötzlich
Tout à coup**,**
losgebrochen
l'orage a éclaté**.**

Marion a eu peur.
geschrien
Elle a crié **!**

Bref … c'était une très belle fête d'Halloween ! On s'est bien amusés !

Sie kennen schon einige Ausdrücke mit **faire**, wie z.B.:
Il fait froid / chaud. *Es ist kalt / heiß.*
Weitere Ausdrücke mit **faire**:
Il fait nuit / jour. *Es ist Nacht. / Tag.*
Il fait sombre. *Es ist dunkel.*

1. Ereignisse (*Was geschah?*) :

a éclaté /

2. Beschreibung einer Situation (*Was war ? / Wie war … ?*) :

était (tard) /

4. Que d'émotions ! – So viele Emotionen! 149

Lesen und hören Sie die Geschichte. Welcher dieser vier Titel passt am besten dazu?

1 **Que fait la police ?**

2 Le café me rend (macht mich fröhlich) joyeux

3 Le voleur aux lunettes noires

4 **Tout s'arrange (gibt sich) ...**

J'étais dans un café. J'étais bien. Je me reposais.

À un moment donné (Irgendwann), j'ai voulu payer. J'ai cherché mon sac. Je ne l'ai pas trouvé.

Au voleur (Ein Dieb!) ! C'était sûrement (sicherlich) le grand type à côté de moi tout à l'heure (vorhin). Il portait des lunettes noires. Il avait l'air (sah aus) bizarre.

J'étais en colère ! J'étais gêné (verlegen) aussi : qu'est-ce que j'allais dire au serveur ?

Le téléphone a sonné (geklingelt) dans ma poche ((Hosen)Tasche). C'était ma femme.

- « Tu as oublié (vergessen) ton sac à la maison ! »

Hum ... ce sont des choses qui arrivent (geschehen) à tout le monde, non ?

LÖSUNGEN

3. 1. (elle) a eu, (elle) a crié, (on) s'est amusés; 2. faisait (nuit), (il y) avait, (c')était

4. 4

5. Die Fragepronomen qu'est-ce qui und qu'est-ce que   150

Die Fragepronomen **Qu'est-ce qui** und **qu'est-ce que** bedeuten beide *was*. Lesen Sie die Beispiele und die Regel, um zu wissen, wann sie verwendet werden. Ergänzen Sie anschließend die Sätze mit **qu'est-ce qui**, **qu'est-ce que** oder **qu'est-ce qu'** und prüfen Sie mit der CD.

> Petite fille, **qu'est-ce qui** te fait particulière-ment peur ? (*besonders*)
> **Les loups** me font peur.

> Loup, **qu'est-ce que** tu aimes particulière-ment ?
> J'aime **les petites filles**.

Mit **qu'est-ce qui** fragt man nach dem Subjekt (Nominativ) des Satzes.
Mit **qu'est-ce que** dagegen fragt man nach einem direkten Objekt (Akkusativ).

Qu'est-ce qui ist unveränderlich.
Vor einem Vokal wird **qu'est-ce que** zu **qu'est-ce qu'**:
> **Qu'est-ce qu'elle n'aime pas ?**
> **Les loups !**

1. > ______________ a éclaté ?
   > L'orage a éclaté !
2. > ______________ vous avez fêté hier ?
   > Nous avons fêté l'anniversaire de Julie.
3. > ______________ il a perdu ?
   > Son sac.
4. > ______________ te rend joyeuse ?
   > Le soleil !

6. Gefühle und Emotionen ausdrücken

Die Verben **faire** (*machen*), **mettre** (*setzen, stellen, legen*) und **rendre** (*zurückgeben, geben*) benutzt man häufig, wenn man über Gefühle und Emotionen spricht, dann erhalten sie teilweise eine andere Bedeutung. Lesen Sie die festen Ausdrücke mit diesen Verben.
Sehen Sie dann weitere Verben, mit denen man Gefühle ausdrücken kann und verbinden Sie die Sätze mit ihrer Übersetzung.

Ça me rend ...
... triste.
... joyeux / -euse.
... jaloux / -ouse.
... timide.

Ça me met ...
... en colère.
... de bonne humeur. *Laune*
.... de mauvaise humeur.

Ça me fait ...
... peur.
... rire.

1. Ça m'ennuie. ____ **A** Das überrascht mich.
2. Ça me gêne. ____ **B** Das stört mich. / Das berührt mich peinlich.
3. Ça me surprend. ____ **C** Das langweilt mich. / Das ärgert mich.

7. Regelmäßige Verben auf -dre 151

Das Verb **rendre** ist ein regelmäßiges Verb auf **-dre**. Hören Sie sich die Verbkonjugation an. Achtung: Das Verb **surprendre** (*überraschen*) ist dagegen unregelmäßig und wird wie **prendre** konjugiert (siehe Lektion 4).

REGELMÄSSIG

rendre *(zurück)geben*

je	**rends**
tu	**rends**
il / elle	**rend**
nous	**rendons**
vous	**rendez**
ils / elles	**rendent**
(passé composé:	**j'ai rendu**)

Rendre heißt normalerweise *wiedergeben, zurückgeben, erwidern*:
J'ai rendu les livres. *Ich habe die Bücher zurückgegeben.*
In Verbindung mit Gefühlen heißt es meist *machen*:
Il me rend heureux. *Er macht mich glücklich.*

LÖSUNGEN
5. 1. Qu'est-ce qui, 2. Qu'est-ce que, 3. Qu'est-ce qu', 4. Qu'est-ce qui
6. 1.C, 2.B, 3.A

8. Imparfait oder passé composé? 152

A. Wenn man etwas in der Vergangenheit erzählt, verwendet man das **Imparfait** und das **Passé composé**. Beide Zeiten haben jedoch eine unterschiedliche Anwendung, je nach Zusammenhang. Lesen Sie die drei Beispiele und achten Sie auf den Einsatz der Zeiten. Finden Sie dann zu den Regeln unten die passende Überschrift: **Imparfait** oder **Passé composé**.

Il **était** tard. Il **faisait** nuit. J'**ai vu** une forme bizarre dans ma chambre. J'**ai eu** peur. J'**ai crié**. C'**était** juste l'ombre (Schatten) d'un arbre...

La petite fille **allait** souvent chez sa grand-mère. Un jour, elle **a rencontré** le loup...

Il **faisait** beau. Une femme **était** à la table d'à côté. Elle **portait** des lunettes noires. Elle **a bu** son café, ensuite elle s'**est levée** et elle **est partie**. Son sac **est resté** sous la table...

IMPARFAIT ODER PASSÉ COMPOSÉ?

A Das ______________ ...

- ... beschreibt den Hintergrund der Handlungen. (Frage: Was war? Wie war es?)
- ... beschreibt was vorläufig war.
- ... beschreibt wiederkehrende Handlungen oder Gewohnheiten (oft, jeden Sonntag etc.).
- ... kann mehrere Elemente, die gleichzeitig verlaufen, beschreiben.

B Das ______________ ...

- ... beschreibt Handlungen bzw. Ereignisse. (Frage: Was geschah?)
- ... beschreibt neu eintretende Ereignisse (dann, plötzlich etc.).
- ... beschreibt einmalige, abgeschlossene Handlungen.
- ... beschreibt Handlungen, die nacheinander stattfinden (Handlungskette).

B. **Imparfait** oder **Passé composé**? Kreuzen Sie die passende Möglichkeit an und prüfen Sie mit der CD. 153

1. Elle avait peur : ...

☐ **A** ... elle est sortie du cinéma.

☐ **B** ... elle sortait du cinéma.

2. Elle m'a vu et ...

☐ **A** ... elle criait.

☐ **B** ... elle a crié.

3. Quand j'étais petit, je n'aimais pas la prof de physique.

☐ **A** Elle se mettait toujours en colère.

☐ **B** Elle s'est toujours mise en colère.

4. ☐ **A** Il s'ennuyait, ...

☐ **B** Il s'est ennuyé, ...

... alors un jour, il a fait un voyage.

5. ☐ **A** Ils se sont aimés, ...

☐ **B** Ils s'aimaient, ...

alors ils se sont mariés.

LÖSUNGEN

8. A. das Imparfait, B. das Passé composé

8. B. 1.A, 2.B, 3.A, 4.A, 5.B

9. L'argent volé – Das gestohlene Geld 154

Setzen Sie die Verben ins **Imparfait** oder ins **Passé composé**.

Einige Wörter können darauf hinweisen, ob das Verb im **Imparfait** oder im **Passé composé** steht.

Einige Auslöser des **Passé composé** sind: **tout à coup** (*plötzlich*), **un jour** (*eines Tages*) ...

Einige Auslöser des **Imparfait** dagegen sind: **souvent** (*oft*), **toujours** (*immer*), **en général** (*normalerweise*)...

1. ________________ (je, être) au bureau. Comme souvent,

2. ________________ (il, être) tard et **3.** ________________

(je, travailler) encore. Tout à coup, la femme de ménage (Putzfrau)

4. ________________ (entrer). Elle **5.** ________________

(commencer) à passer l'aspirateur (staubsaugen). Ça ne m'a pas gêné.

À 21 heures, **6.** ________________ (je, finir) mon travail !

7. ________________ (je, être) très fatigué (müde).

8. ________________ (je, chercher) mon argent dans ma

poche pour prendre un taxi, mais... je ne l'ai pas trouvé !

Des voleurs parmi (unter) les collègues ?! Quelle mauvaise surprise !

9. ________________ (je, demander) à la femme de ménage

si elle avait trouvé quelque chose. Non... rien !

10. ________________ (je, rentrer) à pied.

Quand **11.** ________________ (je, arriver), ma femme

12. ________________ (dormir).

10. Direkte und indirekte Pronomen me, te, nous, vous, se

A. Sie kennen bereits die **direkten** (**le**, **la**, **l'**, **les**) und **indirekten** (**lui**, **leur**) **Pronomen** in der 3. Person Singular und Plural (siehe Lektion 8 und 12). Die direkten und indirekten Objektpronomen der anderen Personen haben die gleiche Form. Ergänzen Sie die Tabelle mit Hilfe des Beispielsatzes.

direkte Objektpronomen	indirekte Objektpronomen
1. ________ m' (vor Vokal)	
te t' (vor Vokal)	
le / la / l'	lui
nous	
2. ________	
les	leur

Sonnenuntergänge
Les couchers de soleil, moi, ça **me** rend romantique. Et vous, ça ne **vous**
berührt
touche pas ?

B. Vervollständigen Sie die Sätze mit dem passenden Pronomen. 155

1. Pardon Madame, mon sac ne ______ gêne pas ?
2. › Jean déteste attendre. Ça ______ met en colère.
   › Il n'est pas le seul ! Moi aussi, ça ______ énerve (nervt (mich)) d'attendre !
3. › Et à toi ? Il ______ fait peur, le loup ?
   › Oui, je dois dire qu'il ______ fait un peu peur.
4. Tiens, voilà Jeanne et Gilles. On ______ dit qu'on ______ invite ?
5. Nous adorons cet acteur : il ______ fait rire !

LÖSUNGEN

9. 1. j'étais, 2. il était, 3. je travaillais, 4. est entrée, 5. a commencé, 6. j'ai fini, 7. J'étais, 8. J'ai cherché, 9. J'ai demandé, 10. Je suis rentré, 11. je suis arrivé, 12. dormait

10. A. 1. me, 2. vous

10. B. 1. vous; 2. le, m'; 3. te, me; 4. leur, les; 5. nous

Emotionen

la joie	*Freude*
la colère	*Wut*
la peur	*Angst*
la timidité	*Schüchternheit*
la jalousie	*Eifersucht*
la tristesse	*Traurigkeit*

Qu'est-ce que vous trouvez drôle ?

Was finden Sie lustig?

Qu'est-ce qui vous ennuie ?

Was langweilt Sie?

Ein Ereignis in der Vergangenheit

Il était tard.	*Es war spät.*
Il faisait nuit.	*Es war Nacht.*
Je travaillais encore.	*Ich arbeitete noch.*
Tout à coup...	*Plötzlich ...*
À un moment donné...	*Zu einem bestimmten Zeitpunkt ...*
... l'orage a éclaté.	*ist das Gewitter losgebrochen.*
Marion a eu peur.	*Marion hat Angst bekommen.*
Elle a crié.	*Sie hat geschrien.*
Bref ...	*Kurzum...*
On s'est bien amusés.	*Wir haben Spaß gehabt.*

Über Gefühle sprechen

Ça me rend ...	*Das macht mich ...*
joyeux.	*glücklich.*
triste.	*traurig.*
Ça me fait peur.	*Das macht mir Angst.*
Ça me fait rire.	*Das bringt mich zum Lachen.*
Ça me met en colère.	*Das macht mich wütend.*
Ça me met de bonne humeur.	*Das versetzt mich in gute Laune.*
Ça m'intimide.	*Das schüchtert mich ein.*
Ça m'ennuie.	*Das langweilt mich.*
Ça m'énerve.	*Das nervt mich.*

WAS MACHT SIE GLÜCKLICH ODER TRAURIG?

Erstellen Sie eine Liste mit dem, was Sie bewegt: Was macht Ihnen Angst? Was macht Sie glücklich oder traurig? usw. Neben den Wörtern und Sätzen können Sie auch Bilder sammeln, das hilft Ihnen sich die Begriffe besser zu merken.

15. En forme !

Franzosen gehen mindestens einmal pro Jahr zum Arzt und sind unter den Europäern diejenigen, die die meisten Medikamenten nehmen. Alternative Medizin ist noch selten von der Krankenkasse anerkannt. Doch öffnen sich auch in Frankreich immer mehr Menschen den neuen alternativen Methoden. Außerdem achten viele auf ihre Gesundheit: **Plutôt prévenir que guérir !** *Vorbeugen ist besser als heilen!* Fragen rund um eine gesunde Ernährung sind Bestandteil des Alltags, ebenso Sport. Auch entspannende Aktivitäten wie Yoga und Meditation nehmen zu.

Wortschatz / Kommunikation

- Körperteile
- über die Gesundheit, Symptome und Arzneimittel sprechen
- ein Gespräch beim Arzt oder in der Apotheke führen
- einen Ratschlag geben

Grammatik

- das **Conditionnel présent**
- die Pronomen **y** und **en**
- Stellung der Pronomen im Satz

1. Parties du corps – Körperteile 156

Ordnen Sie den Körperteilen das passende Wort zu. Einige Lösungen sind schon vorgegeben. Hören Sie dann die Wörter und sprechen Sie nach.

5 A la bouche	8 F le bras	11 K la jambe
___ B les cheveux	6 G le cou	___ L le pied
___ C le nez	14 H le doigt	13 M la poitrine
___ D l'œil (Plural: les yeux)	___ I le dos	9 N le ventre
2 E l'oreille	7 J l'épaule	

LA TÊTE

LE CORPS

LA MAIN

2. Bon pour la santé – Gut für die Gesundheit 157

Wo geht man in den folgenden Fällen hin? Lesen Sie die Sätze und verbinden Sie sie mit dem passenden Ort. Prüfen Sie dann mit der CD.

____ A On y va quand on est malade. (krank)

____ B On y va pour acheter des médicaments.

____ C On y va pour se détendre. (sich entspannen)

____ D On y va pour faire du sport.

____ E On y va quand on a mal aux dents. (Zahnschmerzen)

1 au club de fitness

2 à la pharmacie

3 chez le docteur

4 chez le dentiste

5 au centre de thalassothérapie

SOZIALVERSICHERUNG

Alle Franzosen verfügen über eine staatliche Grundsozialversicherung (**sécurité sociale**). Einige Kosten (wie z. B. Brille, Zähne, usw.) werden nur erstattet, wenn man eine zusätzliche Privatversicherung (**mutuelle**) abgeschlossen hat.

LÖSUNGEN

1. 1.B, 3.D, 4.C, 10.L ,12.I

2. 1.D, 2. B, 3. A, 4. E, 5. C

3. Symptômes et remèdes – Symptome und Heilmittel 158

Verbinden Sie jedes Symptom mit der passenden Empfehlung für ein Heilmittel. Hören Sie sich dann die kleinen Dialoge auf der CD an.

1

Horreur ! J'ai un gros bouton ! (Pickel)

2

Aïe ! J'ai attrapé un coup de soleil ! (Sonnenbrand)

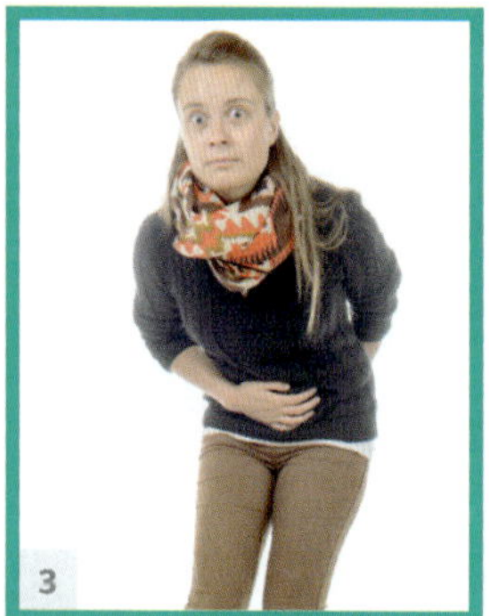

3

J'ai des problèmes de digestion... (Verdauung)

4

J'ai des insomnies. (Schlafstörungen)

____ A Vous avez des yaourts ? Mettez-en sur votre visage (Gesicht) pour vous faire un masque 100 % naturel.

____ B Le lait aide à dormir. Buvez-en (Trinken Sie davon) une tasse chaude trente minutes avant de vous coucher.

____ C Vous devriez (sollten) manger plus de fruits et légumes. Vous en avez mangé aujourd'hui ?

____ D Vous devriez prendre une douche froide.

4. Soigner – Heilen 159

Lesen Sie zuerst die Sätze beim Arzt und in der Apotheke und hören Sie sich anschließend die zwei Dialoge an. Kreuzen Sie die Sätze, die Sie in den Dialogen hören, an.

CHEZ LE DOCTEUR

- ☐ A J'ai mal à la gorge (Halsschmerzen). Je tousse (huste).
- ☐ B Vous avez de la fièvre (Fieber) ?
- ☐ C Vous dormez bien ? Vous mangez bien ?
- ☐ D Je vais vous prescrire (verschreiben) un sirop.
- ☐ E Ce sont des médicaments contre la toux (Husten).
- ☐ F Prenez-en un chaque matin. N'en prenez pas plus de trois par jour.

DER BESUCH BEIM ARZT

In Frankreich wird der Arztbesuch direkt vom Patienten bezahlt. Am Ende des Termines bittet also der Arzt um eine bestimmte Summe (30 bis 80€ je nach Leistung). Die **Sécurité sociale** erstattet dann diese Kosten an den Patienten zurück.

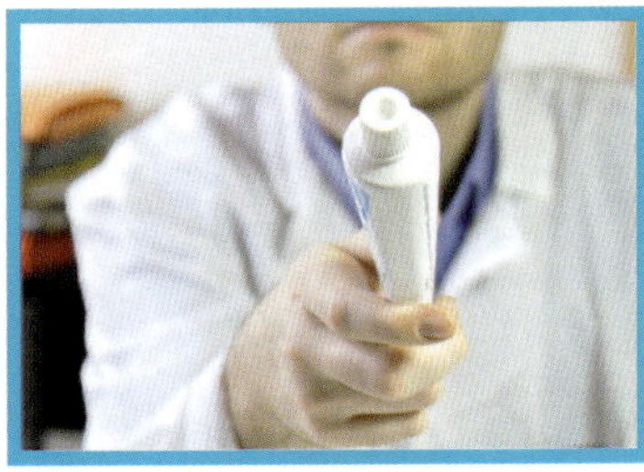

À LA PHARMACIE

- ☐ G Vous auriez une crème solaire bio ?
- ☐ H C'est remboursé (erstattet) ?
- ☐ I Vous avez une ordonnance (Rezept) ?

LE DOCTEUR

Arzt / Ärztin heißt auf französisch **docteur / doctoresse** oder **médecin**. Einige Patienten sprechen den Arzt auch mit **docteur** an. Im Gegensatz dazu ist es sehr unüblich, Akademiker, die einen Doktortitel haben, im Alltagsleben mit dem Titel **docteur** anzusprechen.

LÖSUNGEN

3. 1.A, 2. D, 3.C, 4.B

4. A., B., D., H.

5. Das conditionnel présent - Verwendung

Lesen Sie die Sätze mit dem **Conditionnel**. Ordnen Sie die Sätze den verschiedenen Kategorien für die Verwendung des **Conditionnels** zu.

1

Je serais **la docteur et il** serait **malade.**

Bonjour Madame, vous auriez **une crème contre les boutons, s'il vous plaît ?**

2

3

Vous devriez **manger plus de fruits et légumes.**

4

Un jour, j'aimerais **aller à** l'île (Insel) **de La Réunion.**

Mit dem **Conditionnel** kann man Folgendes ausdrücken:

____ **A** eine höfliche Bitte

____ **B** eine Empfehlung

____ **C** eine Möglichkeit, eine Vorstellung

____ **D** einen Wunsch

LA RÉUNION

... ist eine Insel im indischen Ozean, östlich von Madagascar, und gehört zu Frankreich, da sie ein Übersee-Département ist, **un Département d'outre-mer**, ebenso wie **la Martinique**, **la Guadeloupe**, **la Guyane** und **Mayotte**.

6. Das conditionnel présent - Bildung ◎ 160

A. Das **Conditionnel présent** wird gebildet aus dem **Stamm**, der mit dem Infinitiv identisch ist, und den **Endungen**, die identisch mit denen des **Imparfait** sind. Einige Verben haben einen unregelmäßigen Stamm.

REGELMÄSSIGE BILDUNG DES CONDITIONNEL

soigner *heilen, pflegen*

	Stamm	+	Endung
je	soigner-	+	-ais
tu	soigner-	+	-ais
il / elle	soigner-	+	-ait
nous	soigner-	+	-ions
vous	soigner-	+	-iez
ils / elles	soigner-	+	-aient

VERBEN MIT UNREGELMÄSSIGEM STAMM

Infinitiv	Stamm
avoir	aur-
être	ser-
aller	ir-
venir	viendr-
faire	fer-
pouvoir	pourr-
vouloir	voudr-
devoir	devr-

B. Setzen Sie die vorgegebenen Verben ins **Conditionnel**. Hören Sie sich dann den Dialog an. ◎ 161

› Tu **1.** ____________ (devoir) manger des légumes.

› J' **2.** ____________ (aimer) mieux des pâtes à la sauce tomate.

› Pourquoi tu ne **3.** ____________ (faire) pas plus de sport ?
Ce **4.** ____________ (être) bien...

› Oui. On **5.** ____________ (pouvoir) aller à la plage. On **6.** ____________ (se baigner) après la sieste.

› Moi, à ta place, j' **7.** ____________ (aller) au club de fitness.

› Chut ... Je **8.** ____________ (vouloir) bien me reposer maintenant. Ça aussi, c'est bon pour la santé, non ?

LÖSUNGEN

5. 1.C, 2.A, 3.B, 4.D

6. B. 1. devrais, 2. aimerais, 3. ferais, 4. serait, 5. pourrait, 6. se baignerait, 7. irais, 8. voudrais

7. Das Pronomen en

A. **En** ist ein Adverbialpronomen, das verschiedene Satzergänzungen ersetzt und im Deutschen mit *davon, darüber, von dort* etc. übersetzt werden kann. Lesen Sie die Beispiele und die Regeln.

› **Vous mangez beaucoup de fruits et légumes ?**

› **Oui, j'en mange beaucoup.**

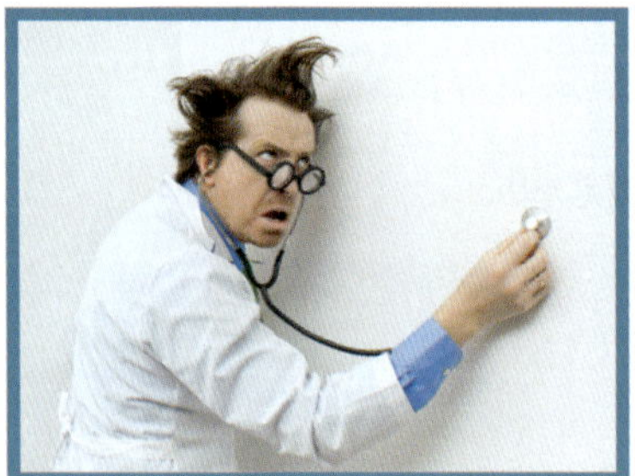

› **Tu connais un bon médecin ?**

› **Oui, j'en connais un.**

› **Il prend du café pour se coucher tard ?**

› **Non, il n'en prend pas.**

En ersetzt Satzergänzungen ...

- › mit einem unbestimmten Artikel: **un**, **une**, **des**.
- › mit einem Teilungsartikel **du**, **de la**, **de l'**.
- › mit **de / d'**.

STELLUNG VON EN IM SATZ

Wie alle anderen Pronomen steht **en** vor dem konjugierten Verb.
Ausnahme: In einem Satz im Imperativ, ohne Verneinung, steht das Pronomen nach dem Verb:

Du jus de fruits, vous n'en buvez pas ?
Buvez-en !
Trinken Sie nichts vom Obstsaft? Trinken Sie davon!

Wie immer umrahmen die Verneinungswörter **ne... pas** die Gruppe Pronomen + Verb.

EN + ZAHLWORT

In einem Satz mit **en** kann man auch die Menge präzisieren:

› **Un bon médecin ? Tu en connais un ?**
› **Oh, j'en connais trois !**
› *Einen guten Arzt? Kennst du einen?*
› *Oh ich kenne drei (davon)!*
› **Des fruits ? Tu en manges assez ?**
› **Oui, j'en mange beaucoup !**
› *Obst? Isst du genug davon?*
› *Ja, ich esse viel davon!*

WENDUNGEN MIT EN

Tu m'en veux ? *Bist du mir böse?*
J'en ai assez. *Ich habe es satt.*
Va-t'en ! *Hau ab!*

B. Verbinden Sie die beiden Sätze, die zusammenpassen. Überprüfen Sie Ihre Angaben mit der CD. 162

1. Tu as pris des médicaments ?
2. Elle fait du sport pour être en forme ?
3. Cette crème contre les boutons est super !
4. Vous avez des insomnies ?
5. Les fruits, c'est bon pour la santé !

___ A Mangez-**en** !
___ B J'**en** ai pris un seulement...
___ C Elle **en** fait, oui, mais pas régulièrement.
___ D Mets-**en** un peu chaque soir.
___ E J'**en** ai parfois, mais pas souvent.

C. Antworten Sie auf die Fragen mit dem Pronomen **en** wie im Beispiel. Hören Sie sich dann die Dialoge an. 163

Il a attrapé **des coups de soleil** pendant les vacances ?

Oui, il **en** a attrapé.

1. - Le docteur a prescrit **un sirop contre le mal de gorge** ?

   - Oui, il ________________________________ .

2. - Vous avez **un abonnement pour le club de fitness** ?

   - Non, nous ________________________________ .

3. - Ils ont mis **de la crème solaire** avant d'aller à la plage ?

   - Oui, ils ________________________________ .

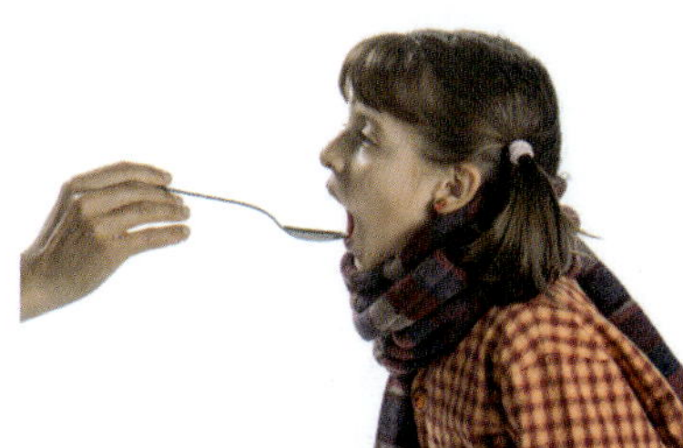

LÖSUNGEN

7. B. 1.B, 2.C, 3.D, 4.E, 5.A

7. C. 1. Oui, il en a prescrit (un). 2. Non, nous n'en avons pas. 3. Oui, ils en ont mis.

8. Das Pronomen y 164

Wie **en**, ist auch **y** ein Adverbialpronomen. Es ersetzt Ortsangaben und wird mit *dort*, *dorthin* übersetzt. Lesen Sie die Regeln und das Beispiel. Antworten Sie anschließend auf die Fragen unten, indem Sie die hervorgehobene Ortsangabe mit dem Pronomen **y** ersetzen. Hören Sie sich dann die Dialoge an.

Y ersetzt eine Ortsangabe, die z.B. mit **à**, **en**, **chez**, **dans**, **sur**, **sous** usw. eingeleitet wird.
Wie andere Pronomen steht **y** vor dem konjugierten Verb (außer mit einem Verb im Imperativ ohne Verneinung):
Vous y allez quand chez le dentiste ? Allez-y mardi !
Die Verneinung **ne... pas** umrahmt die Gruppe **y + Verb**.

› **Tu vas chez le dentiste demain ?**
› **Non, je n'y vais pas demain. J'y vais la semaine prochaine.**

1. › Les médicaments sont dans le sac ?
   › Oui, ils ______________________ .
2. › Tu as dormi sur la plage ?
   › Oui, j' ______________________ .

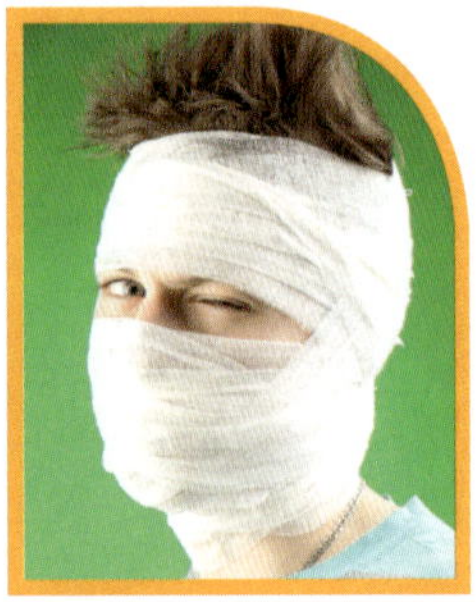

3. › Il est allé à l'hôpital ?
   › Non, il ______________________ .
4. › On trouve de la crème solaire à la pharmacie ?
   › Oui, on ______________________ .

5. › Vous allez régulièrement au club de fitness ?
   › Non, nous ______________________ .
6. › Elle fait du tai-chi au parc ?
   › Oui, elle ______________________ .

9. Aïe ! J'ai mal à... ! – Aua! Ich habe Schmerzen am ...! 165

Sehen Sie sich die Bilder an und beschreiben Sie, wo es den Leuten weh tut. Prüfen Sie mit der CD.

1. Il a mal à l'oeil.
2. Il a mal aux ________.
3. Ils ont mal aux________.
4. Elle a mal aux ________.
5. Elle a mal à la ________.
6. Il a mal au ________.
7. Il a mal au ________.
8. Elle a mal à la ________.
9. Il a mal à la ________.
10. Il a mal à la ________.

Achtung für *Hals* gibt es zwei Wörter im Französischen: **le cou** und **la gorge**. Letztere meint den *Rachen* und wird daher auch verwendet bei *Halsschmerzen*: **avoir mal à la gorge**.

LÖSUNGEN

8. 1. Oui, ils y sont. 2. Oui, j'y ai dormi. 3. Non, il n'y est pas allé. 4. Oui, on y trouve de la crème solaire. 5. Non, nous n'y allons pas régulièrement. 6. Oui, elle y fait du tai-chi.

9. 2. oreilles, 3. yeux, 4. pieds, 5. jambe, 6. doigt, 7. ventre, 8. tête, 9. main, 10. gorge

Körperteile

la tête	Kopf
la bouche	Mund
le nez	Nase
l'œil	Auge
les yeux	Augen
l'oreille	Ohr
le cou	Hals
le bras	Arm
la jambe	Bein
le dos	Rücken
le ventre	Bauch
la poitrine	Brust
le pied	Fuß
la main	Hand
le doigt	Finger

Aïe ! J'ai mal aux oreilles !

Aua! Ich habe Ohrenschmerzen!

Symptome und Arzneimittel

avoir ...	*... haben*
de la fièvre	*Fieber*
des insomnies	*Schlafstörungen*
des problèmes de digestion	*Verdauungsprobleme*
un coup de soleil	*einen Sonnenbrand*
un bouton	*einen Pickel*
Le lait aide à dormir.	*Milch hilft beim Schlafen.*
Buvez-en !	*Trinken Sie davon!*
Vous devriez ...	*Sie sollten ...*
prendre une douche froide.	*kalt duschen.*
mettre de la créme.	*sich eincremen.*

Beim Arzt

prescrire	*verschreiben*
un sirop	*ein Sirup*
des médicaments	*Medikamente*
une ordonnance	*ein (ärztliches) Rezept*
rembourser	*erstatten*

Chez le dentiste : allez-y !

Zum Zahnarzt: gehen Sie hin!

LE MALADE IMAGINAIRE

"Der eingebildete Kranke" so heißt ein Theaterstück von Molière. Bilden Sie sich auch jeden Tag ein Symptom ein und schreiben Sie es auf einen Zettel. Lesen Sie es am nächsten Tag, stellen Sie sich vor, was der Arzt oder der Apotheker empfehlen würde.

16. Plein air

Mehr als drei Viertel aller Franzosen wohnen in einer Stadt. Viele möchten ihre Ferien aber auf dem Land verbringen und frische Produkte (**produits du terroir**) aus lokaler Landwirtschaft genießen. Einige **gîtes ruraux** bieten einen **table d'hôte**: Das bedeutet, dass für alle Gäste gekocht wird und alle zusammen essen. Neben den klassischen **gîtes ruraux** und Campingplätzen gibt es mittlerweile sehr außergewöhnliche Ferienunterkünfte wie Jurten, Tipis, Baumhäuser oder Wohnwagen. Ein Pluspunkt: Diese neue Arten von Unterkünften sind meistens günstig.

Wortschatz / Kommunikation

- Bauernhoftiere
- über Ferien auf einem Bauernhof sprechen
- ein Ferienzimmer reservieren
- einen Vorschlag machen

Grammatik

- **si** + **Imparfait**
- Demonstrativpronomen **celui**, **celle**, **ceux**, **celles**
- Zeitangaben
- Angleichung des Partizip Perfekts mit **avoir**
- Einschränkung mit **ne... que**

1. Animaux de la ferme – Bauernhoftiere 166

Hören Sie sich die Namen der Tiere an und ordnen Sie die Wörter den Bildern zu.

____ A la chèvre
____ B l'âne
____ C le cheval

____ D le chien
____ E la poule
____ F la vache

____ G le cochon
____ H le chat
____ I l'oiseau

BESONDERER PLURAL

un animal - des animaux
un cheval - des chevaux

2. Vacances à la ferme – Ferien auf dem Bauernhof

Lesen Sie die Broschüre für die **Ferme Saint-Pierre** und unterstreichen Sie im Text die Tiere, die Louis und Jacqueline besitzen.

Lust auf

ENVIE DE CALME ET DE NATURE ? ET SI VOUS PASSIEZ VOS VACANCES À LA FERME SAINT-PIERRE ?

Genießen Sie

Savourez les produits bio de notre potager. Faites de belles promenades à cheval. Dormez sous la tente, dans une yourte ou dans un tee-pee indien.

le potager

une yourte

un tee-pee indien

la ferme en ruine

QUI SOMMES-NOUS ?

Nous sommes Jacqueline, Louis et notre chien Max. Ça fait [Seit] 10 ans que nous habitons à la ferme Saint-Pierre. Quand nous l'avons achetée, c'était une ruine. Nous l'avons rénovée pendant [während] deux ans. Puis, nous avons accueilli [empfangen] nos premiers animaux : poules, chèvres et ânes. Il y a [Vor] 5 ans, nous avons ouvert le centre équestre [Reithof], avec poneys et chevaux.

Louis et Jacqueline

ACHTUNG!

Des wird vor Adjektiv + Nomen zu **de**:
des promenades aber: **de belles promenades**

LÖSUNGEN

1. 1.B, 2.D, 3.F, 4.I, 5.E, 6.A, 7.G, 8.H, 9.C

2. chien, poules, chèvres, ânes, poneys, chevaux

3. Chambre en gîte – Zimmer auf dem Lande

A. Lesen und hören Sie die Sätze. 167

LE CLIENT / LA CLIENTE

Bonjour. On voudrait réserver une chambre *(Schlafzimmer)* **pour deux personnes.**

Vous avez encore des chambres libres *(frei)* **?**

Ce sont des lits simples *(Einzelbett)* **ou des** lits doubles *(Doppelbett)* **?**

C'est en demi-pension ou en pension complète ?

Le petit-déjeuner est compris *(inbegriffen)* **?**

Les chambres sont avec douche ou baignoire *(Badewanne)* **?**

LE / LA PROPRIÉTAIRE DU GÎTE

Pour combien de nuits ?
Désolé(e), tout est complet.
On sert le dîner à partir de 19 heures.

B. Hören Sie den Dialog und ergänzen Sie. 168

Le client réserve **1.** ________ chambre pour **2.** ________ nuits. Dans la chambre, il y a **3.** ________ et **4.** ________ . Il n'y a pas de baignoire mais **5.** ________ . La chambre coûte **6.** ________ euros. La propriétaire du gîte fait **7.** ________ . Le **8.** ________ est servi de **9.** ________ heures à **10.** ________ heures et le **11.** ________ est servi à partir de **12.** ________ heures.

DEMI-PENSION / PENSION COMPLÈTE

Ein **gîte** ist eine ländliche Unterkunft. Hier kann es verschiedene Möglichkeiten der Verpflegung geben:

- Jede(-r) kocht für sich: eine Küche steht zu Verfügung.
- Nur das Frühstück wird angeboten.
- Frühstück und Abendessen werden angeboten (**demi-pension**).
- Auch das Mittagessen wird angeboten (**pension complète**). Diese letzte Variante ist aber eher selten.

4. Hébergement – Unterkunft 169

Lesen und hören Sie die Beschreibungen von Ferienunterkünften auf dem Land. Beantworten Sie dann die Fragen.

CABANES DANS LES ARBRES

Pour ceux qui aiment dormir près des étoiles (Sterne)**, cet hébergement est idéal. Vous** n'entendez (hören) que (nur) **le** chant (Gesang) **des oiseaux et le vent dans les** feuilles (Blätter)**.**

A

REFUGE DANS LES MONTAGNES

B

Notre refuge n'existe que depuis (erst seit) **cinq ans, mais il a tout le confort** nécessaire (notwendig) **:** dortoirs (Schlafräume) spacieux (geräumig)**, douches chaudes, sauna. Nombreuses randonnées possibles.** Vente (Verkauf) **de fromage de chèvres.**

ROULOTTES

Envie de vacances bohèmes ? Nous proposons différents types de roulottes, plus ou moins grandes ou équipées. Choisissez celle (diejenige) **qui vous plaît!**

C

Quelles vacances choisissez-vous si ...

1. ... vous aimez les chevaux : ____________________

2. ... vous aimez la randonnée : ____________________

3. ... vous rêvez de dormir près des oiseaux : ____________________

LÖSUNGEN

3. B. 1. une, 2. deux, 3. / 4. un lit simple / un lit double, 5. une douche, 6. 95 euros, 7. demi-pension, 8. petit-déjeuner, 9. 7 heures, 10. 10:30, 11. dîner, 12. 19 heures

4. 1.C, 2.B, 3.A

5. Si + Imparfait ◎ 170

Lesen Sie das Beispiel und die Regel. Verbinden Sie dann die Situationen links mit den passenden Vorschlägen rechts und setzen Sie die Verben aus dem Vorschlag ins **Imparfait**. Hören Sie sich dann die Dialoge an.

Qu'est-ce que je pourrais faire pendant les vacances ? Et **si j'allais** chez mon cousin à la ferme ?

Um etwas vorzuschlagen, kann man **(et) si + imparfait** verwenden.

Situation

1 Il n'y a plus de chambres libres.

2 Mon chien s'ennuie...

3 Ce serait bien d'avoir des œufs frais le matin.

4 Léa adore les chevaux.

Vorschlag

A Et si nous lui ______ ______ (offrir) une semaine dans un centre équestre ?

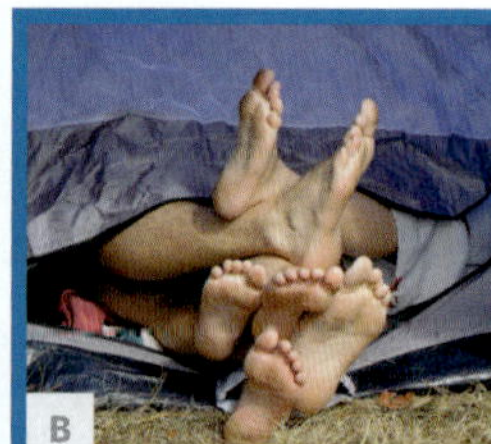

B Et si vous ______ (dormir) sous la tente?

C Et si on ______ (acheter) une poule?

D Et si tu lui ______ (présenter) des amis?

____ A ____ B ____ C ____ D

6. Die Demonstrativpronomen celui, celle, ceux, celles

A. Lesen Sie die Beispiele und ergänzen Sie die Regel.

› Quelle cabane tu préfères ?
› **Celle-ci**. Et toi ?
› Moi, je préfère **celle-là**.

› On prend un lit double ?
› Oui, mais tu dors de ce côté et moi de **celui-là**.

Aus dem Demonstrativbegleiter (**ce, cet, cette, ces**) werden die Demonstrativpronomen gebildet.
Nous choisissons cette chambre.
› Nous choisissons celle-ci.
Wir wählen dieses Schlafzimmer. Wir wählen dieses.

	♂	♀
Singular	1. ______	2. ______
Plural	ceux	celles

Die Demonstrativpronomen stehen nie allein, sondern ...
› vor den Präpositionen **de** (*von*) oder **pour** (*für*):
Quelle belle ferme. C'est celle de Jacqueline et Louis.
› vor **-ci** (*hier*) oder **-là** (*dort*):
On dort dans ce lit ? Ou dans celui-là ?
› in einem Relativsatz:
La cabane que je préfère, c'est celle qui est à gauche.

B. Ergänzen Sie die Sätze mit **celui**, **celle(s)** oder **ceux**.
Hören Sie sich dann die Sätze an. 171

1. Nous avons douze chèvres. Biquette et Chavrou, ce sont les noms de ______ que je préfère.

2. Voici les dortoirs. ______ de droite est complet.

3. On dort souvent dans des campings. ______ du bord de mer sont plus chers que les autres.

4. Nos vaches sont très sensibles... ______ -ci aime la musique.

LÖSUNGEN
5. 1.B dormiez , 2.D présentais 3.C achetait, 4.A offrions
6. A. 1. celui, 2. celle
6. B. 1.celles, 2.Celui, 3. Ceux, 4. Celle

7. Zeitangaben

A. Lesen Sie die Beispiele zu den Zeitangaben. Lesen Sie anschließend den Text unten und hören Sie ihn an. Kreuzen Sie dann die richtige Antwort an. 172

ZEITANGABEN

- **il y a** *vor*
  Il y a onze ans, j'ai rencontré Philippe.
  Vor elf Jahren habe ich Philippe kennengelernt.
- **ça fait .... que / depuis** *seit*
  Ça fait ... que steht immer am Anfang des Satzes. **Depuis** kann am Anfang oder am Ende des Satzes stehen:
  Ça fait dix ans que nous vivons à Lyon. Depuis dix ans nous vivons à Lyon. / Nous vivons à Lyon depuis dix ans. *Wir leben seit zehn Jahren in Lyon.*
- **pendant** *während*
  Pendant ce temps nous avons beaucoup travaillé.
  Während dieser Zeit haben wir viel gearbeitet.
- **dans** *in* (der Zeitpunkt liegt in der Zukunft):
  Dans trois jours nous allons partir en vacances.
  In drei Tagen fahren wir in den Urlaub.

Nous avons acheté la roulotte **il y a** 15 ans. Nous l'avons rénovée **pendant** 5 ans. **Ça fait** 10 ans **qu'**elle est dans le jardin. **Dans** une semaine, on va acheter un cheval.

1. **Depuis quand** ont-ils une roulotte ?
   ☐ A Depuis 15 ans.
   ☐ B Depuis 10 ans.

2. **Pendant combien de temps** l'ont-ils rénovée ?
   ☐ A Pendant 5 ans.
   ☐ B Pendant 15 ans.

3. **Ça fait combien de temps qu'**elle est dans le jardin ?
   ☐ A Ça fait 5 ans.
   ☐ B Ça fait 10 ans.

4. **Quand est-ce qu'**ils ont acheté / vont acheter un cheval ?
   ☐ A Il y a une semaine.
   ☐ B Dans une semaine.

B. Finden Sie die passende Zeitangabe auf Französisch. Hören Sie sich anschließend die Sätze an. 173

1. ________________, nous avons passé les vacances dans une cabane dans les arbres. (Vor 2 Jahren)

2. Il a un chien ________________. (seit 3 Tagen)

3. Pour avoir ces beaux légumes, on a travaillé dans le potager ________________. (ein Jahr lang)

4. ________________ que Georges habite dans sa roulotte. (seit 10 Jahren)

5. Nous partons dans les Alpes ________________. Nous avons réservé une chambre en gîte ________________. (in 2 Wochen / vor einem Monat)

6. ________________ rénovez-vous votre maison ? (Seit wann?)

8. Die Angleichung des Partizip Perfekts mit avoir

Sie haben gelernt, dass das Partizip Perfekt im **Passé composé** mit dem Hilfsverb **être** an das Subjekt angeglichen wird. In bestimmten Fällen wird das Partizip Perfekt im **Passé composé** mit **avoir** auch angeglichen, und zwar nicht an das Subjekt sondern an das Objekt. Lesen Sie die Regel und gleichen Sie die zwei Partizipien, falls notwendig, an.

Im **Passé composé** mit **avoir** wird das Partizip Perfekt an das direkte Objekt in Zahl und Geschlecht angeglichen, wenn das Objekt **vor** dem Partizip Perfekt steht.
On a rénové la roulotte.
On l'a rénovée pendant 5 ans.

J'ai beaucoup aimé___ les vacances qu'on a passé___ à la ferme !

LÖSUNGEN

7. A. 1.A, 2.A, 3.B, 4.B

7. B. 1.Il y a deux ans, 2.depuis trois jours, 3.pendant un an, 4. Ça fait dix ans, 5. dans deux semaines, il y a un mois, 6. Depuis combien de temps

8. aimé_, passées

9. Einschränkung mit ne ... que

Lesen Sie die Regeln und die Beispielsätze und bringen Sie anschließend die Wörter der Sätze unten in die richtige Reihenfolge.

Ne / N'... que bedeutet *erst* oder *nur*.
Es kann durch **seulement** ersetzt werden.
Wie bei allen Verneinungselementen steht **ne / n'** vor dem konjugierten Verb. **Que** steht vor dem Element, das man einschränken will.
On a acheté seulement trois vaches. = On n'a acheté que trois vaches.
Wir haben nur drei Kühe gekauft.

Ils ne vivent que depuis deux mois.
= Ils vivent seulement depuis deux mois.

Sie leben erst seit zwei Monaten.

Elle n'a que deux petits.
= Elle a seulement deux petits.

Sie hat nur zwei Junge.

ils | des | que | Dans leur ferme, | n' | poules et | ont | des moutons.

1. ______________________________

Nous | le | à | ne | servons | 9 heures. | petit-déjeuner | qu'

2. ______________________________

Il | un | n' | qu' | gîte | y a | dans le village.

3. ______________________________

œuf | ne | qu' | un | Nos poules | par jour. | donnent

4. ______________________________

10. Expressions idiomatiques – Redewendungen

Ergänzen Sie mit Hilfe der Bilder die Ausdrücke mit den passenden Tierbezeichnungen. Sehen Sie sich dann die wörtliche Übersetzung der Redewendung an und versuchen Sie zu erraten, wie diese im Deutschen richtig wiedergegeben wird.

1. sauter du coq à l'__________

(vom Hahn zum Esel springen)

- ☐ **A** von einem Thema zum nächsten springen
- ☐ **B** zwei Liebhaber(-innen) gleichzeitig haben

2. se coucher avec les __________

(sich mit den Hühnen hinlegen)

- ☐ **A** ein gesundes Leben führen
- ☐ **B** sehr früh ins Bett gehen

3. C'est une vraie peau de __________

(Sie / Er ist eine echte Kuhhaut.)

- ☐ **A** Sie / Er hat eine weiche Haut.
- ☐ **B** Sie / Er ist zickig!

4. monter sur ses grands

____

(auf seine großen Pferde steigen)

- ☐ **A** mutig werden
- ☐ **B** wütend sein

5. avoir une vie de __________

(ein Hundeleben haben)

- ☐ **A** ein faules Leben führen
- ☐ **B** ein schlechtes Leben haben

LÖSUNGEN

9. 1. Dans leur ferme, ils n'ont que des poules et des moutons. 2.Nous ne servons le petit-déjeuner qu'à 9 heures. 3. Il n'y a qu'un gîte dans le village. 4. Nos poules ne donnent qu'un œuf par jour.

10. 1.A âne, 2.B poules, 3.B vache, 4.B chevaux, 5.B chien

Bauernhoftiere

l'âne	*Esel*
le chat	*Katze*
le cheval	*Pferd*
la chèvre	*Ziege*
le chien	*Hund*
le mouton	*Schaf*
la poule	*Huhn*
le poney	*Pony*
la vache	*Kuh*

Ein Zimmer reservieren

réserver une chambre ...	*ein Zimmer reservieren ...*
pour deux personnes	*für zwei Personen*
avec un lit simple / double	*mit einem Einzel- / Doppelbett*
avec douche / baignoire	*mit einer Dusche / Badewanne*
Le petit-déjeuner est compris ?	*Ist das Frühstück im Preis inbegriffen?*
Vous faites demi-pension / pension complète ?	*Haben Sie Halbpension / Vollpension?*
Pour combien de nuits ?	*Für wie viele Nächte ?*
Tout est complet.	*Alles ist voll / ausgebucht.*

Et si on partait en vacances ensemble ?

Wollen wir zusammen in den Urlaub fahren?

Ferien auf dem Bauernhof

dormir dans ...	*schlafen in ...*
une tente	*einem Zelt*
une yourte	*einer Yurte*
une roulette	*einem Planwagen*
un dortoir	*einem Schlafraum*
ou près des étoiles !	*oder nah bei den Sternen !*

Zeitangaben

il y a (un an)	*vor (einem Jahr)*
depuis (un an) / ça fait (un an) que	*seit (einem Jahr)*
pendant (5 ans)	*(5 Jahre) lang / während (5 Jahren)*
dans (10 ans)	*in (10 Jahren)*

Elle dort depuis 100 ans.

Sie schläft seit 100 Jahren.

WELCHE UNTERKUNFT BEVORZUGEN SIE ?

Überlegen Sie sich welche Unterkunft Sie für Ihre nächsten Ferien in einem französischen Land bevorzugen würden. Bereiten Sie einige Fragen vor, die Sie bei der Buchung dieser Unterkunft stellen möchten.

17. À la maison

Womit verbringen Franzosen ihre Freizeit? Sport? Kino? Liebe? Nein! Am liebsten beschäftigen sie sich mit ihrem Zuhause, ihrem **chez-soi** (*bei sich*): gestalten, heimwerken, dekorieren usw. Auch sein Haus selbst zu renovieren ist ein nicht seltenes Hobby. Vor einigen Jahrzehnten wurde man im eigenen Haus geboren und starb auch dort. Viele Familien haben in Frankreich ein Ferienhaus (das oft den Eltern oder Großeltern gehört), wo man gerne am Wochenende, in den Ferien oder zu besonderen Anlässen hinfährt.

Wortschatz / Kommunikation

- über Häuser und Wohnen sprechen
- sich das Traumhaus vorstellen
- Möbel und Wohnaccessoires

Grammatik

- die Relativpronomen **qui**, **que**, **où**
- die Hervorhebung mit **c'est ... qui**, **que**, **où**
- die Possessivpronomen
- der irreale Bedingungssatz

1. Logement – Unterkunft

A. Hören Sie die CD. Ordnen Sie die Wörter den Bildern zu. **174**

1

2

3

____ A un appartement

____ B un immeuble

____ C une maison

B. Hören Sie die CD. Ordnen Sie die Wörter den Bildern zu. **175**

1

2

3

4

5

6

7

____ A la salle de bains

____ B le bureau

____ C les toilettes

____ D le salon

____ E la cuisine

____ F l'escalier

____ G la chambre (à coucher)

2. Maisons de rêve – Traumhäuser 176

Lesen und hören Sie, wie diese Leute ihr Traumhaus beschreiben. Verbinden Sie die Beschreibungen mit dem passenden Bild.

____ **A** La maison de mes rêves ... c'est une maison qui se trouve dans la nature, loin de tout le reste. C'est un endroit (*Ort*) où je peux aller les jours où j'ai besoin d' (*brauche*) être au calme.

____ **B** La mienne, elle est grande et luxueuse. C'est une maison que j'ai commandée à un architecte de talent.

____ **C** La nôtre, elle est simple mais confortable (*wohnlich*). Il y a des chambres pour les enfants et un jardin (*Garten*) où ils peuvent jouer.

LÖSUNGEN

1. A. 1.B, 2.C, 3.A

1. B. 1.E, 2.A, 3.D, 4.B, 5.G, 6.F, 7.C

2. 1. C, 2. B, 3. A

3. Meubles et accessoires – Möbel und Einrichtungsgegenstände ◎ 177

Hören Sie sich die Wörter an und ordnen Sie sie den Bildern zu.

___ A le lit

___ B la lampe

___ C la table

___ D le miroir

___ E l'étagère

___ F le portemanteau

___ G le placard

___ H le canapé

___ I le fauteuil

___ J la chaise

4. Si j'étais riche... – Wenn ich reich wäre ... 178

Ergänzen Sie den Text mit den vorgegebenen Wörtern. Hören Sie sich dann den Text an.

la salle de bain

maison

étages meubles

Si j'étais riche, j'achèterais une maison... Une grande et belle

1. ________________ au bord de la mer, dans le sud de la France. Il y aurait

Erdgeschoss
un rez-de-chaussée, trois **2.** ________________ et une terrasse de 50

Blick
mètres carrés avec vue sur la mer.

sogar
Le salon, les chambres, et même **3.** ______________________ , donneraient

Fenster
aussi sur la mer, et il y aurait de grandes fenêtres dans toutes les pièces.

würde hängen *Gemälde* *zeitgenössiche Malerei* *Wände*
J'accrocherais des tableaux de peinture contemporaine aux murs. J'aurais

des **4.** ________________ au design moderne ...

leztendlich
Ah si j'étais riche ... Mais je ne suis pas riche. Et finalement, je suis très

Zuhause
bien dans mon petit chez-moi.

LÖSUNGEN

3. 1.C, 2.A, 3.D, 4.I, 5.B, 6.H, 7.E, 8.J, 9.F, 10.G

4. 1. maison, 2. étages, 3. la salle de bain, 4. meubles

5. Die Relativpronomen qui, que, où

A. Verbinden Sie die Frage mit der passenden Antwort und lesen Sie die Regeln.

1

Un miroir,
qu'est-ce que c'est ?

2

Un salon,
qu'est-ce que c'est ?

3

Un architecte,
qu'est-ce que c'est ?

____ A C'est une personne **qui** fait les plans d'une maison.

____ B C'est un objet **que** les gens mettent dans la salle de bain ou dans la chambre pour se regarder.

____ C C'est la pièce **où** on lit, où on regarde la télé. On s'y installe aussi les jours où on a des invités.

qui

Das Relativpronomen **qui** (*der, die, das*) ist **Subjekt** des Relativsatzes, den es einleitet.
Qui ist unveränderlich.
Je connais l'architecte qui a fait les plans de cette maison.
Ich kenne den Architekten, der die Pläne für dieses Haus gemacht hat.

que

Das Relativpronomen **que** (*den, die, das*) ist **Objekt** des Relativsatzes, den es einleitet.
Que wird vor einem Vokal zu **qu'**.
L'appartement que nous visitons fait 40 mètres carrés.
Die Wohnung, die wir besichtigen, ist 40 Quadratmeter groß.

où

Das Relativpronomen **où** vertritt Orts- oder Zeitbestimmungen im Relativsatz.
Le salon est la pièce où on prend l'apéritif les jours où on a des invités.
Das Wohnzimmer ist das Zimmer, in dem man einen Aperitif trinkt, an den Tagen, an denen man Gäste hat.

Es gibt im Französischen **ou** (*oder*) und **où** (*wo*). Um die beiden zu unterscheiden hilft eine kleine Eselsbrücke. Merken Sie sich: Auf dem **wo** sitzt der **Floh**! (= also **où** *wo* hat einen Akzent!)

6. Die Hervorhebung mit c'est ... qui / que / où

Ein Element in einem Satz kann man mit **c'est ... qui / que (qu') / où** hervorheben. Im Deutschen wird dies meistens nur durch die Betonung beim Sprechen hervorgehoben. Lesen Sie die Beispiele und ergänzen Sie die Sätze unten mit **qui**, **que**, **qu'** oder **où**.

C'est l'architecte qui est responsable !

Der Architekt ist dafür verantwortlich!

C'est ce canapé que je veux pour mon salon !

Dieses Sofa will ich für mein Wohnzimmer!

C'est la maison où nous passons les vacances.

In diesem Haus verbringen wir die Ferien.

1

C'est le fauteuil __________ il préfère.

2

C'est la pièce __________ ils passent le plus de temps.

3

C'est un appartement __________ se trouve au 150ème étage.

4

C'est un canapé __________ j'ai acheté à un designer.

LÖSUNGEN

5. 1.B, 2.C, 3.A

6. 1. qu', 2. où, 3. qui, 4. que

7. Die Possessivpronomen

A. Die Possessivbegleiter, die Sie bereits in Lektion 7 kennengelernt haben, stehen vor einem Substantiv: **ma maison** *mein Haus*. Possessivpronomen stehen dagegen allein – ohne Substantiv: **C'est la mienne.** *Es ist meins.* Das Substantiv wurde in der Regel aber im vorherigen Satz erwähnt.
Lesen Sie die Beispiele und sehen Sie sich die Tabelle mit den Formen an.

C'est ma maison !

Non ! C'est la **mienne** !

Votre villa est très belle, oui ... Mais **la nôtre** est plus belle que **la vôtre**.

Wie der Possessivbegleiter richtet sich auch das Possessivpronomen in Geschlecht und Zahl nach dem Besitz.

ACCENT CIRCONFLEXE

Die Possessivpronomen der 1. und 2. Person Plural haben einen **accent circonflexe**. Das beeinflusst die Aussprache:
notre château (offenes o)
le nôtre (geschlossenes o).

je	le mien	la mienne	les miens	les miennes
tu	le tien	la tienne	les tiens	les tiennes
il, elle	le sien	la sienne	les siens	les siennes
nous	le nôtre	la nôtre	les nôtres	
vous	le vôtre	la vôtre	les vôtres	
ils, elles	le leur	la leur	les leurs	

B. Finden Sie das passende Pronomen, achten Sie dabei auf die Übersetzung des Satzes. Hören Sie sich anschließend die Sätze an. 179

le vôtre | la tienne | la leur | la sienne | la nôtre | le mien

1. Ma salle de bains est plus confortable que ______________ .

Mein Badezimmer ist komfortabler als ihres (das von den Nachbarn).

2. Sa chaise est grande. ______________ est petite.

Sein Stuhl ist groß. Ihrer (der Stuhl der Frau) ist klein.

3. Max a une maison jaune. ______________ est bleue.

De quelle couleur est ______________ ?

Max hat ein gelbes Haus. Unseres ist blau. Und welche Farbe hat deins?

4. Ce n'est pas ______________

mais ______________ !

Das ist nicht eurer sondern meiner! (Spiegel)

LÖSUNGEN

7. B. 1. la leur, 2. La sienne, 3. La nôtre, la tienne, 4. le vôtre, le mien

8. Der irreale Bedinungsatz im Präsens 180

Lesen Sie das Beispiel und die Regel. Verbinden Sie dann die zwei passenden Satzteile und überprüfen Sie Ihre Lösung mit der CD.

Si j'étais riche, j'achèterais la maison de mes rêves...

Si leitet einen Bedingungsatz ein. Wenn die Erfüllung dieser Bedingung hypothetisch, unwahrscheinlich oder unrealistisch ist, verwendet man folgende Satzstruktur:

Si-Satz: Imparfait > Hauptsatz: Conditionnel
si + il = s'il

S'il y avait un escalier, j'irais au 150ème étage.
Wenn es eine Treppe gäbe, würde ich bis zum 150. Stock laufen.

Si-Satz

1. Miroir, mon miroir... Si tu m'aimais,
2. Si les oiseaux avaient des maisons,
3. Si nous habitions en France,
4. Si tu mettais tes vêtements dans le placard,
5. S'il n'y avait pas d'escaliers,

Hauptsatz

___ A ta chambre serait plus confortable.

___ B je resterais au rez-de-chaussée.

___ C tu me dirais que je suis la plus belle.

___ D ils auraient moins froid en hiver.

___ E nous aurions une maison en Provence.

9. Devinettes - Rätsel

Finden Sie das passende Bild und ergänzen Sie die Definition, wie im Beispiel.

1

2

3

4

6 **A** C'est un objet qui sert à accrocher son manteau : le porte-manteau

___ **B** C'est la pièce où on se lave : ___

___ **C** Souvent, on aime quand elles donnent sur la mer : ___

___ **D** On y habite et il se trouve dans un immeuble : ___

___ **E** C'est le meuble de la chambre que beaucoup préfèrent : ___

___ **F** On peut y rester cinq minutes ou y lire pendant des heures. : ___

___ **G** C'est pour aller du rez-de-chaussée aux étages : ___

___ **H** C'est un meuble qui sert à mettre des livres, par exemple : ___

5

6

7

8

LÖSUNGEN

8. 1.C, 2.D, 3.E, 4.A, 5.B

9. 1.E le lit, 2.H l'étagère, 3.B la salle de bains, 4.F les toilettes, 5.G l'escalier, 6.A le porte-manteau, 7.C les fenêtres, 8.D l'appartement

Häuser

l'appartement	*Wohnung*
la maison	*Haus*
l'immeuble	*Wohnhaus*
la fenêtre	*Fenster*
le mur	*Wand*
le rez-de-chaussée	*Erdgeschoss*
l'étage	*Stockwerk*

Sa maison est simple, mais confortable. Et la vôtre ?

Sein Haus ist einfach, aber wohnlich. Und eures?

Das Traumhaus

Ma maison de rêve ...	*Mein Traumhaus ...*
Elle serait luxueuse.	*Es wäre luxuriös.*
Elle aurait une terrasse.	*Es hätte eine Terrasse.*
la vue sur la mer	*der Meerblick*
Elle ferait 150 mètres carrés.	*Es hätte 150 qm.*
C'est un endroit ...	*Das ist ein Ort ...*
qui se trouve dans la nature.	*der sich in der Natur befindet.*
que je trouve calme.	*den ich ruhig finde.*
où je me repose.	*wo ich mich erhole.*

Zimmer

le bureau	*Arbeitszimmer*
la chambre	*Schlafzimmer*
la cuisine	*Küche*
l'escalier	*Treppe*
la salle de bains	*Badezimmer*
le salon	*Wohnzimmer*
les toilettes	*Toiletten*

Si j'étais riche, j'achèterais une maison.

Wenn ich reich wäre, würde ich ein Haus kaufen.

Möbel

le canapé	*Sofa*
la chaise	*Stuhl*
l'étagère	*Regal*
le fauteuil	*Sessel*
le lit	*Bett*
le miroir	*Spiegel*
le placard	*Einbauschrank*
le porte-manteau	*Garderobenständer*
la table	*Tisch*

TRÄUMEN TUT GUT

Was wäre wenn ... Träumen Sie und ergänzen Sie die folgenden Satzanfänge.

Si j'étais riche...
Si j'achetais la maison de mes rêves, ...
Si j'avais toujours 17 ans...

18. Professionnel

Anders als in Deutschland ist die Bewerbungsmappe in Frankreich ziemlich dünn. Das liegt daran, dass weder Zeugniskopien noch Arbeitszeugnisse beigelegt werden. Die Bewerbungsunterlagen bestehen aus einem **CV** (*Lebenslauf*) und einem **lettre de motivation** (*Anschreiben*), die meistens ohne Hülle oder Hefter in einem Umschlag gesendet werden. Früher wurde das Anschreiben traditionell handschriftlich verfasst, da die Grafologie eine wichtige Rolle spielte. Heutzutage ist diese Methode allerdings weniger üblich, da auch hier der Computer Einzug gehalten hat.

Wortschatz / Kommunikation

- über die Arbeit sprechen
- einen Lebenslauf schreiben
- ein Vorstellungsgespräch führen
- über Fähigkeiten sprechen

Grammatik

- die unbestimmten Begleiter: **chaque**, **plusieurs**, **certain**, **quelques**, **aucun**
- die Verben **lire**, **écrire**, **savoir**
- das Gerundium
- **pouvoir** und **savoir**

1. Parcours professionnel - Beruflicher Werdegang 181

Die Bilder zeigen in chronologischer Reihenfolge den beruflichen Werdegang von Lola. Ordnen Sie den Bildern die dazu passenden Sätze zu. Hören Sie sich anschließend Lolas Werdegang an.

_____ A Ensuite, j'ai fait des études de langues à l'université.

unterschrieben – Arbeitsvertrag
_____ B J'ai signé mon premier contrat de travail!

Gehalt – gar keine – Verantwortung
_____ C J'avais un bon salaire, mais je n'avais aucune responsabilité. Je m'ennuyais ...

Vorstellungsgespräch – Unternehmen
_____ D Après mes études, j'ai passé un entretien d'embauche dans une entreprise américaine.

gekündigt
_____ E Alors, j'ai démissionné. Aujourd'hui, je travaille en free-lance comme professeur de
Ziel – eigene
français, mais j'ai un objectif : ouvrir ma propre école de langue.

einige – Praktika
_____ F Quand j'étais au lycée, j'ai fait quelques stages. J'ai beaucoup aimé le stage dans une épicerie à Manchester.

2. En recherche d'emploi - Auf der Suche nach einer Arbeitsstelle

A. Wie kann man eine Arbeit finden? Hören und lesen Sie die Vorschläge. 182

par le bouche à oreille
durch Flüsterpropaganda

grâce à ses relations
dank seiner Beziehungen

en cherchant des offres d'emploi
indem man Stellenangebote sucht

B. Hören Sie ein Gespräch zwischen zwei Freunden. Kreuzen Sie die richtigen Antworten an. 183

	VRAI	FAUX
1. Mathieu est toujours en recherche d'emploi.	☐	☐
2. Il a envoyé une candidature pour un poste de secrétaire.	☐	☐
3. Il est invité à un entretien d'embauche.	☐	☐
4. Il a entendu parler de l'agence par le bouche à oreille.	☐	☐
5. Le directeur de l'agence est un ami de son père.	☐	☐
6. Mathieu n'a pas de formation.	☐	☐
7. Il a fait quelques stages, mais il n'a pas vraiment d'expérience.	☐	☐

LÖSUNGEN

1. 1.F, 2.A, 3.D, 4.B, 5.C, 6.E

2. vrai: 1, 3, 5
faux: 2, 4, 6, 7

3. Le curriculum vitae (CV) - Der Lebenslauf

Ergänzen Sie Lolas Lebenslauf mit den vorgegebenen Ausdrücken.

informations personnelles | centres d'intérêt | expérience professionnelle | compétences informatiques | formation | compétences linguistiques

1. ______________________	Lola Marcellin 13, rue Léo Lagrange 51700 Reims + 33 (0) 6 - 12 - 92 - 21 - 92 l.marcellin@yahoo.fr 
	Gründerin
2. ______________________	fondatrice et directrice de l'école internationale NOVALANGUES
sept. 2015 - aujourd'hui	
jan. 2012 - août 2015	professeure de français, Université de Manchester
oct. 2009 - jan. 2012	secrétaire bilingue
3. ______________________	Master de management international
Juin 2009	Licence d'anglais
2004- 2007	
	Muttersprache
4. ______________________	français : langue maternelle anglais : parlé et écrit couramment allemand : bonne maîtrise orale
5. ______________________	Office (Word, Excel, PowerPoint) Création de sites web
6. ______________________	Sports: judo, yoga voyages : séjours linguistiques en Angleterre et aux États-Unis

4. Entretien d'embauche – Vorstellungsgespräch ⊙ 184

Welche Antworten bzw. Reaktionen des Kandidaten passen zu den Fragen des Arbeitgebers? Verbinden Sie die Fragen mit den Antworten und überprüfen Sie Ihre Lösung mit der CD.

EMPLOYEUR / -EUSE

1. Quelle est votre expérience professionnelle ?
2. Quel logiciel (*Software*) savez-vous utiliser (*benutzen*) ?
3. Vous aimez le travail en équipe (*Team*) ?
4. Vous parlez anglais ?

CANDIDAT / -E

___ **A** Je connais seulement Photoshop. Mais je peux apprendre (*lernen*) à en utiliser d'autres.

___ **B** Oui. Je l'écris et je le lis aussi couramment (*fließend*).

___ **C** J'ai fait des stages et ensuite, j'ai travaillé pendant 5 ans dans une agence de communication.

___ **D** Bien sûr ! C'est plus intéressant quand on est plusieurs (*mehrere*).

DIE 3 HÄUFIGSTEN FRAGEN IM BEWERBUNGSGESPRÄCH

- **Parlez-nous de vous.**
  Erzählen Sie etwas über sich.
- **Pouvez-vous indiquer les étapes les plus importantes de votre parcours ?**
  Können Sie die wichtigsten Stationen Ihres Werdegangs nennen?
- **Quels sont vos points forts / faibles ?**
  Wo liegen Ihre Stärken / Schwächen?

LÖSUNGEN

3. 1. informations personnelles, 2. expérience professionnelle, 3. formation, 4. compétences linguistiques, 5. compétences informatiques, 6. centres d'intérêt

4. 1.C, 2.A, 3.D, 4.B

5. Die unbestimmten Begleiter

A. Die unbestimmten Begleiter beschreiben eine Menge näher. Lesen Sie die Sätze sowie die Regeln. Hören Sie sich dann die Aussage auf der CD an. 185

Je voudrais ouvrir ma propre école de langue … je parle plusieurs **langues.**

> **plusieurs** – *mehrere*

Plusieurs ist unveränderlich.

Je lis chaque **jour le journal en anglais.**

> **chaque** – *jede-r, -s*

Chaque ist unveränderlich.

Je n'ai aucune **expérience dans la gestion du personnel.**

> **aucun / e** – *kein, -e*

Aucun (männlich) und **aucune** (weiblich) werden immer mit einer Negation verwendet und ersetzen **pas**. **Ne / n'** steht vor, **aucun / e** nach dem Verb.

Mais j'ai fait quelques **stages dans des agences de communication.**

> **quelques** – *einige*

Quelques wird fast ausschließlich im Plural verwendet.

J'ai donc une certaine **expérience dans le marketing.**

> **un certain** – *ein bestimmter, gewisser*
> **une certaine** – *eine bestimmte, gewisse*
> **certains / certaines** – *bestimmte / manche*

Im Singular stehen **un / une** vor **certain / certaine**. Im Plural entfällt der Artikel.
Certains jours, j'ai une certaine motivation en moi.
An manchen Tagen habe ich eine gewisse Motivation in mir.

B. Wählen Sie in den folgenden Sätzen den passenden unbestimmten Begleiter aus. Überprüfen Sie anschließend Ihre Lösung mit der CD. 186

1. Il a écrit plusieurs / chaque candidatures mais il n'a été invité à quelques / aucun entretien d'embauche.
2. Elle a trouvé chaque / certaines offres d'emploi intéressantes, mais pas toutes.
3. Un certain / Quelques candidats parlent bien anglais mais aucun / chacun n'a fait de stage à l'étranger (im Ausland).
4. Pour travailler comme manager, il faut avoir certaines / une certaine expérience professionnelle.
5. Elle avait des responsabilités et elle voyageait chaque / plusieurs fois par mois. Mais elle n'avait aucun / un certain plaisir dans son travail. Alors, elle a démissioné.

6. Die Verben lire (*lesen*) und écrire (*schreiben*) 187

Lesen Sie die Beispielsätze unten und ergänzen Sie dann die Tabellen und hören Sie sich die Verbkonjugationen an.

UNREGELMÄSSIG

écrire *schreiben*

j'	1. ______
tu	écris
il / elle	écrit
nous	écrivons
vous	2. ______
ils / elles	écrivent
(passé composé:	j'ai écrit)

UNREGELMÄSSIG

lire *lesen*

je	3. ______
tu	lis
il / elle	lit
nous	lisons
vous	lisez
ils / elles	lisent
(passé composé:	j'ai lu)

› Vous écrivez le chinois ?
› Je le parle, je le lis et je l'écris couramment.

LÖSUNGEN

5. B. 1. plusieurs, aucun, 2. certaines, 3. Quelques, aucun, 4. une certaine, 5. plusieurs, aucun

6. 1. écris, 2. écrivez, 3. lis

7. Das Gerundium

A. Während Relativsätze im Deutschen oft verwendet werden, ist im Französischen das Gerundium (**le Gérondif**) geläufiger. Lesen Sie die Regel. Finden Sie dann heraus, ob die Sätze unten eine Gleichzeitigkeit oder die Art und Weise ausdrücken.

Il lit les offres d'emploi en attendant l'heure du rendez-vous.

VERWENDUNG

Das Gerundium verwendet man, um die Gleichzeitigkeit zweier Handlungen auszudrücken:
Il lit les offres d'emploi <u>en attendant</u> l'heure du rendez-vous.
= während *er auf den Termin wartet.*
Man verwendet es auch, um die Art und Weise auszudrücken:
J'ai trouvé du travail <u>en utilisant</u> mes relations.
= indem *ich meine Beziehungen eingesetzt habe.*

J'ai trouvé du travail en utilisant mes relations.

BILDUNG

en + Stamm der 1. Pers. Pl. im Präsens (nous) + ant
zum Beispiel: **écrire > nous écriv-ons >**
Stamm **écriv- + ant >** Gerundium: **en écrivant**
Ausnahmen:
être - en étant
avoir - en ayant
savoir - en sachant

	GLEICHZEITIGKEIT	ART & WEISE
1. Il a rencontré son ami en allant au travail.	☐	☐
2. J'ai appris l'anglais en faisant des stages à l'étranger.	☐	☐
3. Ce n'est pas sérieux ! Elle écrit son CV en regardant la télé !	☐	☐
4. Ils ont signé le contrat en buvant un café.	☐	☐

B. Ergänzen Sie die Antworten mit den Verben im Gerundium. Prüfen Sie mit der CD. 188

Comment avez-vous entendu parler de notre entreprise ?

J'ai entendu parler de votre entreprise **1.** en ____________ (parler) avec des collègues, et **2.** en ____________ (faire) des recherches sur Internet.

Quand avez-vous travaillé pour la première fois ?

J'ai commencé à travailler **3.** en ____________ (aller) à l'université.

Vous parlez très bien allemand. Quand l'avez-vous appris ?

J'ai appris l'allemand **4.** en ____________ (passer) une année universitaire à Cologne.

Nous invitons souvent nos partenaires au restaurant, avant de signer un contrat... Vous seriez prêt à travailler le soir ?

Bien sûr. Et puis, on discute mieux **5.** en ____________ (prendre) un bon repas.

Très bien. Merci pour vos réponses. Dites... Vous pourriez laisser la porte ouverte **6.** en ____________ (sortir), s'il vous plaît ?

LÖSUNGEN

7. A. Gleichzeitigkeit: 1, 3, 4
Art und Weise: 2

7. B. 1. en parlant, 2. en faisant, 3. en allant, 4. en passant, 5. en prenant, 6. en sortant

8. Das Verb savoir (*wissen, können*) 189

Lesen Sie den Beispielsatz. Ergänzen Sie dann die Konjugation und hören Sie anschließend zu.

Et vous ? Qu'est-ce que vous savez faire ?

UNREGELMÄSSIG

savoir *wissen, können*

je	sais
tu	sais
il / elle	sait
nous	savons
vous	**1.** ______
ils / elles	savent
(passé composé:	j'ai su)

9. Savoir oder pouvoir?

Beide Verben kann man auf Deutsch mit *können* übersetzen. Lesen Sie das Beispiel und die Regel und ergänzen Sie die Sätze unten mit der konjugierten Form von **savoir** oder **pouvoir**.
(Konjugation von **pouvoir**: siehe Lektion 12)

Savoir bezieht sich auf eine Fähigkeit (etwas Gelerntes).
Pouvoir bezieht sich auf eine Möglichkeit, eine materielle Bedingung.

Ils savent parler anglais, mais ... ils ne peuvent pas parler!

› Vous **1.** ______ aller au bureau du directeur ?

› Oui, c'est au septième étage. Mais malheureusement, je ne **2.** ______ pas y aller !

› Il **3.** ______ utiliser Internet ?

› Bien sûr. Mais il ne **4.** ______ pas envoyer d'emails : internet ne fonctionne pas.

10. Pêle-mêle – Durcheinander 190

Ergänzen Sie die Sätze mit den Wörtern aus der Wörterwolke.
Achtung: nicht alle Wörter werden verwendet.

SALAIRE
CONTRAT
Objectifs
STAGES
ENTREPRISE
ENTRETIEN D'EMBAUCHE
DÉMISSIONNÉ
EXPÉRIENCE
OFFRES D'EMPLOI
FORMATION
RESPONSABILITÉS
COMPÉTENCES

1. Il a une longue ________________ professionnelle : il a travaillé pendant 10 ans dans ce domaine.

2. Elle s'ennuyait et elle avait très peu de ________________. Elle a donc ________________ et elle a cherché un autre travail.

3. 3500 euros par mois, c'est un ________________ correct, non ?

4. C'est important de faire plusieurs ________________ dans des entreprises quand on est jeune.

5. J'ai trouvé du travail en lisant les ________________.

6. Alors ? Tu as signé le ________________ ?

7. › Quelles sont vos ________________ dans le domaine linguistique ?
› Je parle, lis, et écris l'anglais et l'allemand sans problème.

LÖSUNGEN

8. 1. savez

9. 1. savez, 2. peux, 3. sait, 4. peut

10. 1. expérience, 2. responsabilités, demissionné, 3. salaire, 4. stages, 5. offres d'emploi, 6. contrat, 7. compétences

Vorstellungsgespräch

Quelle est votre expérience professionnelle ?	*Welche Berufserfahrung haben Sie?*
Quel logiciel savez-vous utiliser ?	*Welche Software können Sie anwenden?*
Vous aimez le travail en équipe ?	*Arbeiten Sie gern im Team?*

l'entretien d'embauche
das Vorstellungsgespräch

Beruflicher Werdegang

faire ...	*... machen*
un stage	*ein Praktikum*
une formation	*eine Ausbildung*
avoir ...	*... haben*
de l'expérience	*Erfahrung*
des relations	*Beziehungen*
signer un contrat	*einen Vertrag unterschreiben*
démissionner	*kündigen*

Arbeitswelt

le curriculum vitae (CV)	*Lebenslauf*
l'entreprise	*Unternehmen*
l'objectif	*Ziel*
l'offre d'emploi	*Stellenangebot*
le poste	*Stelle*
le salaire	*Gehalt*
le stage	*Praktikum*
la responsabilité	*Verantwortung*

Il sait parler anglais mais il ne peut pas parler !
Er kann Englisch, er kann aber nicht sprechen!

Unbestimmte Begleiter

plusieurs	*mehrere*
chaque	*jeder, -r, -s*
aucun, -e	*kein, -e, -s*
quelques	*einige*
un, -e certain, -e	*ein, -e bestimmte, -r, -s*
certain, -(e)s	*bestimmte, manche*

MEIN LEBENSLAUF

Sie möchten gerne eine Arbeitsstelle in Frankreich finden? Dann sollten Sie Ihren Lebenslauf auf Französisch schreiben. Hier werden Ihnen sicherlich noch einige spezielle Wörter fehlen: Schlagen Sie diese unter www.pons.de nach.

19. Quoi de neuf ?

Bereits in den 1980er Jahren gab es einen französischen Vorläufer des heutigen Internets: das **Minitel**. Hier konnte man sehr früh bereits Bankgeschäfte tätigen oder Nachrichten schreiben. Heute hat das Internet seinen Platz eingenommen und auch zu einer Krise bei den klassischen Zeitungen geführt. Die großen französischen Zeitungen **Le Monde**, **Le Figaro** oder **Ouest France** haben überlebt, viele kleinere kämpfen. Eine Besonderheit gibt es auch beim Radio: hier wurde 1996 eine Quote eingeführt, wonach ein Radiosender **40% französische Musik** spielen muss.

Wortschatz / Kommunikation

- Medien und Nachrichten
- Kurzmeldungen in der Zeitung lesen
- seine Meinung äußern
- ein Aussage wiedergeben

Grammatik

- die indirekte Rede im Präsens
- das **Passiv**
- die Adverbien auf **-ment**
- das Verb **connaître**

1. Les médias – Die Medien 191

Ordnen Sie jedem Bild das passende Medium zu. Prüfen Sie mit der CD.

_____ **A** le journal

_____ **B** le cinéma

_____ **C** la publicité

_____ **D** les livres

_____ **E** la télé

_____ **F** la radio

_____ **G** Internet

_____ **H** le téléphone mobile / le portable

_____ **I** les magazines

2. Les dernières nouvelles – Die neuesten Neuigkeiten 192

Hören Sie die Ausdrücke und ordnen Sie jedem Abschnitt den passenden Titel zu.

_____ A RÉAGIR SUR L'ACTUALITÉ

_____ B RACONTER L'ACTUALITÉ

_____ C POSER DES QUESTIONS SUR L'ACTUALITÉ

Fernsehnachrichten

Vous avez regardé les informations / le journal télévisé **?**

neueste Neuigkeit

Vous connaissez la dernière nouvelle **?**

Was gibt es Neues ?

Alors, quoi de neuf **?**

1

2

angeblich, es scheint dass ...

Il parait que...

Vous savez que...?

3

anscheinend

> Non ! ? Ce n'est pas vrai ! ? > Apparemment**, si !**

> C'est fou, non ? > Oui, vraiment...

> C'est une bonne / mauvaise nouvelle.

LÖSUNGEN

1. 1.I, 2.H, 3.E, 4.F, 5.B, 6.A, 7.G, 8.C, 9.D

2. 1.C, 2.B, 3.A

3. Faits divers – Kurzmeldungen

Lesen Sie die Kurzmeldungen aus einer Zeitung. Finden Sie zu jeder Meldung einen passenden Titel unter den sechs Vorschlägen.

1. **Sanglier dans une fromagerie**
2. Éducation artistique
3. Une réparation qui coûte cher
4. **Cambrioleur sympathique**
5. **L'animal qui aimait les croissants**
6. Police efficace

____ **A** **Un garçon de 12 ans a eu une grande émotion pendant la visite d'une exposition (Ausstellung) consacrée (gewidmet) à Picasso : en perdant l'équilibre (Gleichgewicht), il est tombé et a perforé (durchgestochen) de sa main droite une toile (Gemälde) du maître. Heureusement (Glücklicherweise), l'œuvre (Werk), évaluée (begutachtet) à 130 millions de dollars, a été restaurée ... pour la somme de 99 millions de dollars !**

____ **B** Un boulanger et sa femme ont entendu du bruit dans la boutique, dimanche à 23 heures, ce qui les a intrigués (stutzig gemacht). L'homme est descendu dans le magasin et s'est retrouvé devant.... un sanglier (Wildschwein). L'animal gourmand (gierig) s'est enfui (geflohen) rapidement. Le boulanger raconte (erzählt) que tous les croissants ont été mangés.

____ **C** Un cambrioleur (Einbrecher) est entré dans une maison en cassant (indem er zerbrach) une fenêtre. Il est parti avec une télévision et un ordinateur mais a laissé un mot d'excuse pour la fenêtre... ce qui n'a pas attendri (erweicht) les propriétaires (Besitzer) ! D'après (Laut) la police, le cambrioleur n'a toujours pas été identifié.

4. Donner son avis – Seine Meinung sagen

A. Lesen und hören Sie das Gespräch. Auf welche Kurzmeldung von der Übung 3 bezieht es sich? 193

LES FAITS DIVERS

In jeder Zeitung befindet sich eine Seite mit **Faits divers** (*Verschiedenes*). Franzosen lieben diese kleinen Meldungen, die anekdotenhafte Ereignisse berichten. Sie nennen sie auch scherzhaft **la rubrique de chiens écrasé** (*die Rubrik der überfahrenen Hunde*).

- Je me demande si cette histoire est vraie ...
- Pourquoi pas ? Les gens sont bizarres *(komisch)*, parfois ...
- Oui, c'est vrai mais... il faut être idiot pour laisser des indices *(Spuren)* à la police...
- Je suis d'accord avec toi!

B. Lesen Sie hier, wie man seine Meinung sagt und wie man ausdrückt, ob man mit etwas oder jemandem einverstanden ist oder nicht. Im ersten Teil der Übung haben Sie gehört und gelesen, wie man ausdrückt, dass man einverstanden ist. Ergänzen Sie die Sätze mit den Ausdrücken von oben.

SEINE MEINUNG SAGEN

Je pense / je trouve *(finde)* que...

À mon avis *(Meiner Meinung nach)* / D'après moi...

NICHT EINVERSTANDEN SEIN

Je ne suis pas d'accord *(einverstanden)* (avec toi / vous).

EINVERSTANDEN SEIN

C'est 1. ________ (mais...)

Je 2. ________________ (avec toi / vous).

LÖSUNGEN

3. 3.A, 5.B, 4.C

4. A. Fait divers C

4. B. 1. vrai, 2. suis d'accord

5. Die indirekte Rede im Präsens

A. Die indirekte Rede wird benutzt, um Aussagen anderer Personen wiederzugeben. Lesen Sie die Beispiele und achten Sie auf die Änderungen in den Sätzen in der indirekten Rede.

direkte Rede	indirekte Rede
Il dit : « J'ai une bonne nouvelle ! »	Il dit **qu**'il a une bonne nouvelle !
Elle demande : « Tu as lu ce magazine ? »	Elle demande **si** j'ai lu ce magazine.
Elle demande : « Qu'est-ce qui fait ce bruit ? »	Elle demande **ce qui** fait ce bruit.
Le policier demande : « Qu'est-ce que le cambrioleur a pris ? »	Le policier demande **ce que** le cambrioleur a pris.

EINIGE VERBEN DER INDIREKTEN REDE

On dit que...

On raconte que...

Il paraît que...

Il / Elle demande si... (*ob*)

B. Erzählen Sie dem Mann, was die Leute sagen. Überprüfen Sie Ihre Antworten mit der CD. 194

Pardon ? Qu'est-ce qu' ils disent ?
Je n'ai pas compris...

Vermögen

Sa fortune est évaluée à 10 millions de dollars !

1

Qu'est-ce qu'il utilise comme média ?

2

Est-ce que les Allemands lisent beaucoup de journaux ?

3

1. Elle dit ______________________________ .

2. Il demande ______________________________ .

3. Ils veulent savoir ______________________________ .

LÖSUNGEN

5. B. 1. que sa fortune est évaluée à 10 millions de dollars.
2. ce qu'il utilise comme média.
3. si les Allemands lisent beaucoup de journaux.

6. Le passif - Das Passiv

A. Lesen Sie die Beispiele und ergänzen Sie dann die Regeln.

AKTIV	On **évalue** l'œuvre à 130 millions de dollars.	Le bruit **a intrigué** l'homme et sa femme.	Le sanglier **a mangé** les croissants.
PASSIV	L'œuvre **est évaluée** à 130 millions de dollars.	L'homme et sa femme **ont été intrigués** par le bruit.	Les croissants **ont été mangés** par le sanglier.

Bildung: **Hilfsverb 1. ______________** + **Partizip Perfekt**

Urheber: **Mit der Präposition 2. ______________ wird der Urheber der Handlung angegeben.**

Das direkte Objekt des Aktivsatzes wird im Passivsatz zum Subjekt. Das Subjekt des Aktivsatzes kann im Passivsatz weggelassen werden oder als Urheber genannt werden:

L'enfant a cassé la fenêtre.

La fenêtre a été cassée (par l'enfant).

Wie beim **Passé composé** wird auch beim Passiv das Partizip Perfekt an das Subjekt angeglichen:

Elle est intriguée.

Ils ont été mangés.

B. Setzen Sie die Sätze in die Passivform um, wie im Beispiel.

AKTIV La police a identifié le cambrioleur.

PASSIV Le cambrioleur a été identifié par la police.

1. L'Internet nous informe.

Nous ______________________

______________________ .

3. Quelqu'un a cassé la fenêtre.

La fenêtre ______________________

______________________ .

2. On a raconté cette histoire dans les journaux.

Cette histoire ______________________

______________________ .

4. On a vu un sanglier dans la ville !

Un sanglier ______________________

______________________ .

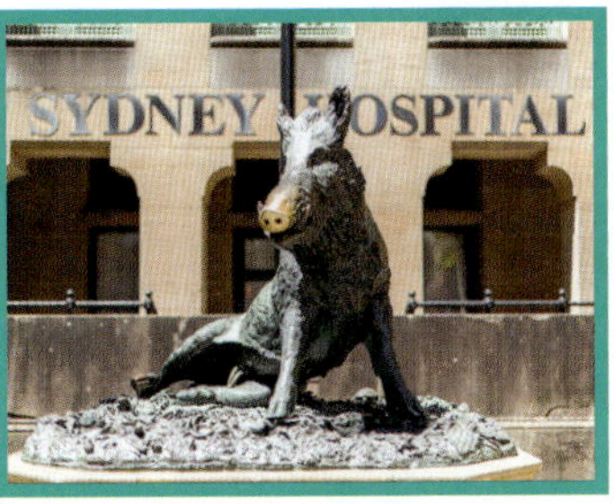

LÖSUNGEN

6. A. 1. être, 2. par

6. B. 1. sommes informé(e)s par l'Internet.
2. a été racontée dans les journaux.
3. a été cassée par quelqu'un.
4. a été vu dans la ville.

7. Die Adverbien auf -ment

A. Lesen Sie, wie man die Adverbien bildet und ergänzen Sie dann die Tabelle.

BILDUNG

Die Adverbien auf **-ment** werden vom Adjektiv abgeleitet.

1. Adjektive, die auf einen Konsonanten enden:
weibliche Form + -ment
heureux, heureuse > heureusement

2. Adjektive, die auf einen Vokal enden:
männliche Form + -ment
vrai, vraie > vraiment

BESONDERHEITEN

1. Adjektive auf **-ent**: Adverb auf **-emment**
apparent > apparemment (*scheinbar*)

2. Adjektive auf **-ant**: Adverb auf **-amment**
bruyant > bruyamment (*laut*)

Adjektiv		Adverb auf -ment
männlich	weiblich	
rapide	rapide	1. ________
2. ________	absolue	absolument
quotidien (*täglich*)	quotidienne	3. ________
dernier	4. ________	dernièrement

B. Ergänzen Sie die folgenden Sätze mit Adverbien aus der Tabelle oben und hören Sie sich dann die Sätze an. 195

1. Tu as écouté la radio ________ ?
2. > Vous êtes d'accord avec moi ?
   > Ah oui ! ________ !
3. Je suis abonné au journal : je le reçois ________ !
4. Le cambrioleur est parti très ________ .

8. Das verb connaître (*kennen*) 196

Lesen Sie die Beispielsätze und ergänzen Sie dann die Verbtabelle. Hören Sie sich anschließend die Konjugation an.

Vous ne connaissez pas la dernière nouvelle ?

Non, je ne la connais pas ! Racontez-moi tout !

UNREGELMÄSSIG

connaître *kennen*

je	**1.** ______
tu	**connais**
il / elle	**connaît**
nous	**connaissons**
vous	**2.** ______
ils / elles	**connaissent**
(passé composé:	**j'ai connu**)

9. Images cachés – Versteckte Bilder

Leider ist Wasser auf der Zeitschrift umgekippt worden. Können Sie erraten, was man auf den Bildern sieht? Schreiben Sie den französischen Begriff unters Bild.

1. un ______

2. un ______

3. un ______

4. des ______

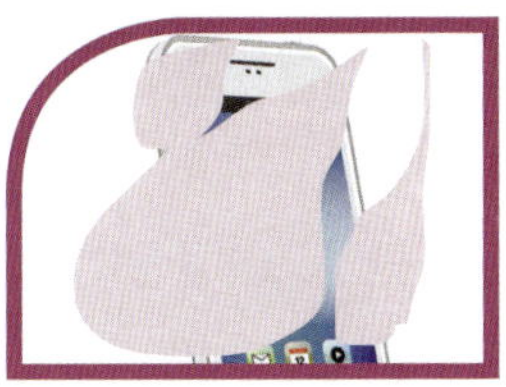

5. un ______

LÖSUNGEN

7. A. 1. rapidement, 2. absolu, 3. quotidiennement, 4. dernière

7. B. 1. dernièrement , 2. Absolument, 3. quotidiennement, 4. rapidement

8. 1. connais, 2. connaissez

9. 1. cambrioleur, 2. sanglier, 3. magazine, 4. toiles, 5. téléphone mobile (portable)

Medien

le journal	*Zeitung*
le magazine	*Zeitschrift*
la télévision	*Fernsehen*
la publicité	*Werbung*
la radio	*Radio*
le cinéma	*Kino*
le livre	*Buch*

Aussagen wiedergeben

Il parait que...	*Angeblich ...*
D'après...	*Laut ...*
On dit / raconte que	*Man sagt / erzählt, dass ...*
Il demande...	*Er fragt, ...*
si c'est vrai.	*ob das stimmt.*
ce qui est vrai.	*was stimmt.*
ce que tu en penses.	*was du davon hältst.*

le journal télévisé

Fernsehnachrichten

Seine Meinung äußern

À mon avis...	*Meiner Meinung nach ...*
Je pense que...	*Ich denke, dass ...*
Je trouve que...	*Ich finde, dass ...*
Je (ne) suis (pas) d'accord...	*Ich bin (nicht) einverstanden*
avec toi / vous.	*mit dir / Ihnen.*
C'est vrai, mais...	*Das stimmt, aber ....*

Kurze Nachrichten

le fait divers	*die kurze Meldung / Nachricht*
La toile est évaluée à 30 millions d'euros.	*Das Gemälde wird auf 30 Millionen Euros geschätzt.*
Elle a été réparée.	*Es wurde repariert.*
Une fenêtre a été cassée.	*Ein Fenster wurde zerbrochen.*
Le cambrioleur n'a pas été identifié.	*Der Einbrecher wurde nicht identifiziert.*

MEIN « FAIT DIVERS »

Haben Sie etwas Merkwürdiges zu erzählen? Schreiben Sie darüber einen kleinen Zeitungsartikel für die Rubrik « **faits divers** ». Sie können auch gern ein Foto hinzufügen.

20. L'AVENIR

Wie sehen die Franzosen ihre Zukunft? Eher schlecht! Tatsächlich sind die Franzosen laut mehreren Umfragen die Europäer, die bezüglich der Erwartungen in den wirtschaftlichen, politischen, sozialen oder persönlichen Bereichen am pessimistischsten sind ... Franzosen sprechen auch gerne über Politik, dabei ist die gewählte Partei kein Geheimnis. Auch wenn man der gleichen Meinung wie der andere ist, macht es Spaß, mit Freunden oder Verwandten heftig zu diskutieren. Was der Franzose auch ganz gut kann: meckern, über die Arbeit, die Familie, die Gesellschaft, die Politik ...

Wortschatz / Kommunikation

- über die Zukunft reden
- über politische und soziale Themen sprechen
- nahe und ferne Zukunft
- etwas planen

Grammatik

- das **Futur simple**
- die Unterschiede zwischen **Futur simple** und **Futur proche**
- das Fragepronomen **lequel**
- die Verben **voir** und **recevoir**

1. Monde politique et social – Die Welt der Politik und Gesellschaft 197

Hören Sie zu und ordnen Sie die Begriffe den Bildern zu. Prüfen Sie mit der CD.

____ A la famille

____ B l'écologie

____ C la politique

____ D les échanges et les migrations

____ E les sciences et techniques

____ F le sport

____ G les nouvelles technologies

____ H l'économie et les finances

____ I la santé

2. L'avenir – die Zukunft 198

Lesen und hören Sie die Sätze. Unterstreichen Sie die Verben, die im **Futur simple** (*Zukunft*) stehen.

FRAGEN ÜBER DIE ZUKUNFT STELLEN

Où serai-je demain (*morgen*) ? Et l'année prochaine (*nächstes Jahr*) ?

Que ferai-je dans 10 ans ? Dans 20 ans ?

À quoi ressemblera le monde ?

Je vois... je vois...

ÜBER DIE ZUKUNFT SPRECHEN

Bientôt, vous serez riche et célèbre.

À l'avenir (*in der Zukunft*), tout ira (*wird gehen*) bien pour vous.

Un jour, il n'y aura plus de guerre.

UNMITTELBARE ZUKUNFT

Voilà. Vous savez tout !

Je vous enverrai (*werde senden*) la facture (*Rechnung*) dans les jours qui viennent (*den folgenden Tagen*).

LÖSUNGEN

1. 1.A, 2.H, 3.C, 4.G, 5.B, 6.D, 7.E, 8.F, 9.I

2. serai, ferai, ressemblera, serez, ira, aura, enverrai

3. Le vocabulaire de la politique – Wortschatz der Politik 199

Die Sprache der Politiker ist nicht immer einfach zu verstehen. Verbinden Sie die Ausdrücke mit ihren deutschen Entsprechungen. Hören Sie sich dann die Aussagen an.

1. Nous allons prendre des mesures.

2. Voici nos différentes propositions...

3. L'écologie est un défi majeur de notre époque.

4. J'ai confiance dans le vote des Français.

5. Améliorer la santé de nos citoyens, c'est un de mes principaux objectifs.

____ A Die Gesundheitspolitik des Landes zu verbessern ist eines meiner Hauptziele.

____ B Ich habe Vertrauen in die Wahl der Bürger.

____ C Wir werden Maßnahmen ergreifen.

____ D Hier sind unsere verschiedenen Vorschläge ...

____ E Der Umweltschutz ist eine der größten Herausforderung unserer Zeit.

DAS STAATSOBERHAUPT IN FRANKREICH

Der französische Staatspräsident **(président de la République)** wird alle fünf Jahre direkt vom Volk gewählt. Er ernennt den Premierminister **(premier ministre)** und führt den Vorsitz im Ministerrat. Er hat die Verantwortung für die Außenpolitik und Streitkräfte. Der Regierungschef **(chef du gouvernement)** ist der Premierminister.

4. Une interview – Ein Interview 200

Lesen Sie die Fragen, die diesem Politiker gestellt wurden und finden Sie seine passenden Antworten dazu unten. Hören Sie sich anschließend das Interview an.

1. Quelles mesures allez-vous prendre contre le chômage (Arbeitslosigkeit) ?
2. Que pensez-vous de l'écologie ?
3. Vous avez de nombreux amis politiques. Si vous êtes élu (gewähllt), lequel choisirez-vous comme premier ministre (Premierminister) ?
4. Parmi (unter) toutes les propositions des experts pour améliorer (verbessern) la politique de santé du pays, laquelle trouvez-vous la plus intéressante ?

____ **A** Eh bien ... nous allons créer (schaffen) des emplois ! Et dans 5 ans, le chômage n'existera plus dans notre pays !

____ **B** C'est une bonne question. L'écologie est un défi majeur de notre siècle (Jahrhundert). Je recevrai (werde empfangen) des groupes de réflexion (Arbeitsgruppen).

____ **C** Je les trouve toutes intéressantes. La santé des citoyens (Bürger), c'est un de mes objectifs principaux.

____ **D** Il est un peu tôt pour répondre à cette question. Je ne suis pas encore élu. Mais j'ai confiance dans le vote des Français et des Françaises.

LÖSUNGEN

3. 1.C, 2.D, 3.E, 4.B, 5.A

4. 1.A, 2.B, 3.D, 4.C

5. Le futur simple

A. Um Geschehen und Vorhaben, die in der Zukunft liegen, zu beschreiben, verwendet man das **Futur simple**. Lesen Sie die Denkblase und ergänzen Sie die Endungen der Verben im **Futur**.

Qu'est-ce que je **ferai** dans 20 ans ?

Et à quoi **ressemblera** le monde ?

Mes parents, où **seront**-ils ?

REGELMÄSSIGE BILDUNG DES FUTURS

ressembler *ähneln*

	Stamm	+	Endung
je	ressembler-	+	1. ______
tu			-as
il / elle			2. ______
nous			-ons
vous			-ez
ils / elles			3. ______

VERBEN MIT UNREGELMÄSSIGEM STAMM

Infinitiv	Stamm
avoir	aur-
être	ser-
aller	ir-
venir	viendr-
faire	fer-
pouvoir	pourr-
vouloir	voudr-
devoir	devr-

Im **Futur** verwendet man den Infinitiv als Stamm. Bei Verben, die auf ein **-e** enden, fällt dieses **-e** im **Futur** weg: **prendre › je prendrai**

Die Stämme der Verben im **Futur** und im **Conditionnel** (siehe Lektion 15) sind gleich. Das gilt auch für die unregelmäßigen Verben.

B. Setzen Sie die Verben ins **Futur simple**. Hören Sie sich anschließend diese Gedanken über die Zukunft an. 201

1

Dans 100 ans, nous **1.** ____________ (habiter) dans de grandes métropoles. Nous **2.** ____________ (voyager) de planète en planète. Tous les hommes et les femmes **3.** ____________ (parler) la même langue.

Est-ce qu'un jour, les guerres **4.** ____________ (finir) ?

Est-ce qu'un jour, le monde **5.** ____________ (connaître) la paix ?

2

3

Quand je **6.** ____________ (être) grande, je **7.** ____________ (piloter) des avions ! Ce **8.** ____________ (être) génial !

4

Je vois que la planète Mars **9.** ____________ (avoir) une influence sur votre vie. En avril, vous **10.** ____________ (avoir) des problèmes financiers mais en juin, tout **11.** ____________ (aller) mieux.

5

Quand est-ce que je **12.** ____________ (rencontrer) l'amour ?

LÖSUNGEN

5. A. 1. -ai, 2. -a, 3. -ont

5. B. 1. habiterons, 2. voyagerons, 3. parleront, 4.. finiront, 5. connaîtra, 6. serai, 7. piloterai, 8. sera, 9. aura, 10. aurez, 11. ira, 12 rencontrerai

6. Futur simple oder Futur proche?

A. Das **Futur proche** haben Sie bereits in der Lektion 9 gelernt. Das **Futur proche** und das **Futur simple** sind häufig austauschbar. Dennoch gibt es gewisse Situationen, in denen die eine Form oder die andere vorgezogen wird. Lesen Sie die Regeln und die Beispiele.

Je **vais préparer** la facture dans un instant.

Je vous l'**enverrai** dans les jours qui viennent.

Futur proche

- Beschreibung von Ereignissen, die in **unmittelbarer Zukunft** stattfinden
  On va parler du problème tout de suite.
- **absehbare Veränderungen**
  Le gouvernement va bientôt prendre des mesures pour l'environnement.

Les ministres vont se rencontrer samedi.

- bevorzugt in der **gesprochenen Sprache**
  Tu vas voir : les discussions vont être intéressantes !

Futur simple

- **geplantes Vorhaben**
  Le président parlera.
- die aus der absehbaren Veränderung **entstandene Konsequenz**

Ils parleront des mesures à prendre.

- bevorzugt in der **schriftlichen Sprache**
- Nach **quand**, **pendant que** (*während*), **j'espère que** (*ich hoffe, dass …*)
  J'espère que tu voteras pour le bon candidat !

B. Lesen Sie die Sätze und ordnen Sie sie der entsprechenden Kategorie zu.

	A UNMITTELBARE ZUKUNFT / ABSEHBARE ÄNDERUNG	B GEPLANTES VORHABEN
1. C'est fini ! Je ne voterai plus pour lui !	☐	☐
2. Un instant, je vais regarder dans ma boule de cristal ... Alors, je vois ... je vois ...	☐	☐
3. Je vois l'influence positive de la planète Mars. Vous allez gagner de l'argent dans les semaines qui viennent.	☐	☐
4. Quand je serai grand, je serai riche et célèbre.	☐	☐

C. Lesen Sie die beiden Texte und wählen Sie die passende Zukunftsform aus. Überprüfen Sie dann Ihre Antworten mit der CD. 202

> Un jour, je **serai / vais être** explorateur et je **ferai / vais faire** le tour du monde.

> Oui, enfin, mon chéri... D'abord, tu **feras / vas faire** tes exercices de mathématiques.

> Oh non, Maman ! Je les **ferai / vais faire** demain ! D'accord ?

1

2

Vous allez connaître l'influence de la planète Mars : vous **aurez donc / allez donc avoir** des problèmes au travail. Espérons que ça **ne sera pas / ne va pas être** trop grave...

LÖSUNGEN

6. B. A. 2, 3; B.1, 4

6. C. 1. serai, ferai, vas faire, ferai, 2. allez donc avoir, ne sera pas

7. Das Fragepronomen lequel

A. Lesen Sie die Beispiele und ergänzen Sie die Tabelle mit den Fragepronomen **lequel**, **laquelle**, **lesquels**, **lesquelles** (*welche, -s, r*).

Parmi tous ces hommes politiques, **lequel** préférez-vous ?

Entre ces deux idées, **laquelle** vous semble la plus intéressante ?

	Singular	Plural
(männlich)	1. ______	lesquels
(weiblich)	2. ______	lesquelles

ENTRE - PARMI

entre deux idées
zwischen zwei Ideen
(= zwei Möglichkeiten)
parmi tous ces hommes
unter all den Männern
(= mehr als zwei Möglichkeiten)

B. Welches Fragepronomen passt? Wählen Sie die richtige Antwort aus und hören Sie sich anschließend die Fragen an. 203

1. › Il y a deux candidats très intéressants.
   › Et tu vas voter pour **lesquelles / lequel** ?
2. › Parmi toutes les rubriques du journal, **lesquels / laquelle** lis-tu en premier ?
   › Je commence toujours avec la rubrique « Sport ».
3. › Il y a quatorze régions en France. **Laquelle / Lesquelles** sont au bord de la mer ?
4. › Tu pratiques plusieurs sports ? **Lesquels / Lequel** ?

8. Die Verben voir (*sehen*) und recevoir (*bekommen, empfangen*) 204

Sehen Sie sich die Beispielsätze an und ergänzen Sie die Verbkonjugation. Hören Sie sich anschließend die Verbkonjugation an.

Oh là là... Je vois... Je vois...

Oui !? Qu'est-ce que vous voyez ?

UNREGELMÄSSIG

voir *sehen*

je	**1.** ______
tu	**vois**
il / elle	**voit**
nous	**voyons**
vous	**2.** ______
ils / elles	**voient**
(passé composé:	**j'ai vu**)

Aujourd'hui, le gouvernement reçoit les experts.

UNREGELMÄSSIG

recevoir *empfangen*

je	**reçois**
tu	**reçois**
il / elle	**3.** ______
nous	**recevons**
vous	**recevez**
ils / elles	**reçoivent**
(passé composé:	**j'ai reçu**)

LÖSUNGEN

7. A. 1. lequel, 2. laquelle

7. B. 1. lequel, 2. laquelle, 3. Lesquelles, 4. Lesquels

8. 1. vois, 2. voyez, 3. reçoit

Politische und soziale Themen

la politique	*Politik*
l'écologie	*Umweltschutz*
le sport	*Sport*
la santé	*Gesundheit*
la science	*Wissenschaft*
les nouvelles technologies	*neue Technologien*
l'économie	*Wirtschaft*
les finances	*Finanzen*
les échanges	*Austausch*
les migrations	*Migrationen*

l'écologie - un défi majeur
Umweltschutz - eine große Herausforderung

l'avenir
die Zukunft

Welt der Politik

prendre des mesures	*Maßnahmen ergreifen*
améliorer la politique de santé	*die Gesundheitspolitik verbessern*
la proposition contre le chômage	*der Vorschlag gegen die Arbeitslosigkeit*
le vote des citoyens	*die Abstimmung der Bürger*
être élu	*gewählt werden*
créer des emplois	*Arbeitsplätze schaffen*
le premier ministre	*Premierminister*
le candidat	*Kandidat*
le président	*Präsident*

Über die Zukunft sprechen

demain	*morgen*
dans 10 ans	*in 10 Jahren*
l'année prochaine	*nächstes Jahr*
À quoi ressemblera le monde ?	*Wie wird die Welt aussehen ?*
Où serons-nous ?	*Wo werden wir sein ?*
Un jour, il n'y aura plus de guerres.	*Eines Tages wird es keine Kriege mehr geben.*

voter
wählen

FRANZÖSISCH IN DER ZUKUNFT

Herzlichen Glückwunsch! Sie haben das Ende dieses Buches erreicht und sehr viel gelernt. Wie soll es jetzt mit Ihren Französischkenntnissen weiter gehen? Schreiben Sie einige Ideen für die Zukunft auf. Bleiben Sie am Ball, viel Erfolg weiterhin - **bon courage**!

Anhang

A

l'	**abonnement** (m.)	*Abo*
	absolument	*absolut*
	accepter	*annehmen*
l'	**accessoire** (m.)	*Accessoire*
l'	**accordéon** (m.)	*Akkordeon*
	accrocher	*hängen*
	accueillir	*empfangen*
	acheter	*kaufen*
l'	**acteur, -rice**	*Schauspieler, -in*
l'	**activité** (w.)	*Aktivität*
l'	**actualité** (w.)	*Aktualität*
l'	**addition** (w.)	*Rechnung*
l'	**adjectif** (m.)	*Adjektiv*
l'	**admirateur, -trice**	*Bewunderer, -in*
l'	**adolescence** (w.)	*Jugend*
	adolescent, -e	*Jugendlicher, Teenager*
	adorer	*lieben, begehren*
l'	**adulte** (m. / w.)	*Erwachsene*
l'	**aéroport** (m.)	*Flughafen*
l'	**âge** (m.)	*Lebensalter*
	âgé, -e	*alt, im hohen Alter*
l'	**agence** (w.)	*Agentur*
	agréable	*angenehm*
l'	**agriculteur, -trice**	*Landwirt, -in*
	ah bon ?	*ach so ?*
	aider	*helfen*
	aïe !	*aua!*
	aimer	*mögen, lieben*
	aimer mieux	*bevorzugen*
l'	**air** (m.)	*Luft*
	l'**air de famille** (m.)	*Familienähnlichkeit*
	le **grand air**	*frische Luft*
l'	**aliment** (m.)	*Lebensmittel*
	allemand, -e	*deutsch*
l'	**allemand**	*deutsch (Sprache)*
l'	**Allemand, -e**	*Deutsche, -r*
	aller	*gehen, fahren*
	Ça va ?	*Geht's (dir / Ihnen) gut?*
	Vas-y !	*Geh hin! / Los!*
	Allez !	*Los!*
	améliorer	*verbessern*
	américain, -e	*amerikanisch*
l'	**ami, -e**	*Freund, -in*
l'	**amour** (m.)	*Liebe*
(s')	**amuser**	*Spaß haben*
l'	**an** (m.)	*Jahr*
l'	**âne** (m.)	*Esel*
l'	**année** (w.)	*Jahr*
	Bonne année !	*Frohes neues Jahr!*
	anglais, -e	*englisch*
l'	**anglais**	*englisch (Sprache)*
l'	**animal** (m.)	*Tier*
	les **animaux de la ferme** (Pl. m.)	*Bauernhoftiere*
l'	**anniversaire** (m.)	*Geburtstag*
l'	**anorak**	*Jacke, Anorak*
	août	*August*
l'	**apéritif** (m.)	*Aperitif*
l'	**appareil** (m.)	*Apparat, Gerät*
	apparemment	*scheinbar*
l'	**appartement** (m.)	*Wohnung*
	appeler	*(an)rufen*
	(s') **appeler**	*heißen*
l'	**appétit** (m.)	*Appetit*
	apporter	*bringen*
	apprendre	*lernen*
	après	*nach*
l'	**après-midi** (m. / w.)	*Nachmittag*
l'	**aquafitness** (m.)	*Wassergymnastik*
l'	**araignée** (w.)	*Spinne*
l'	**arbre** (m.)	*Baum*
	l'**arbre généalogique** (m.)	*Stammbaum*
l'	**architecte** (m. / w.)	*Architekt*
l'	**argent** (m.)	*Geld*
s'	**arranger**	*sich bessern, sich einigen*
l'	**arrêt (de bus)** (m.)	*(Bus-) Haltestelle*
les	**arrières grands-parents** (Pl. m.)	*Urgroßeltern*
l'	**arrivée** (w.)	*Ankunft*
	arriver	*ankommen / geschehen*
	arrogant, -e	*arrogant*
l'	**art** (m.)	*Kunst*
	l'**art de vivre** (m.)	*Lebenskunst*
l'	**artiste** (m. / w.)	*Künstler, -in*
	artistique	*künstlerisch*
l'	**aspirateur** (m.)	*Staubsauger*
l'	**aspirine** (w.)	*Aspirin Tablette*
l'	**assiette** (w.)	*Teller*
	l'**assiette de crudités** (w.)	*Rohkostteller*
l'	**atelier**	*Atelier*
	attendre	*warten*
	attendrir	*rühren, erweichen*
l'	**attraction touristique** (w.)	*Sehenswürdigkeit*
	attraper	*fangen*
	au revoir	*auf Wiedersehen*
l'	**aubergine** (w.)	*Aubergine*
	aucun, -e	*(gar) kein*
	aujourd'hui	*heute*
	aussi	*auch*
l'	**auteur, -e**	*Autor, -in*
l'	**auto** (w.)	*Auto*
l'	**autobiographie** (w.)	*Autobiografie*
l'	**automne** (m.)	*Herbst*
l'	**autorité** (w.)	*Autorität*
	autre	*andere, -r, -s*
	autrefois	*damals*
	autrichien, -ne	*österreichisch*
	avant	*vor*
	avec	*mit*
l'	**avenir** (m.)	*Zukunft*
l'	**avion** (m.)	*Flugzeug*
l'	**avis** (m.)	*Meinung*
l'	**avocat, -e**	*Rechtsanwalt, -in*
	avoir	*haben*
	avoir besoin de	*etw. brauchen*
	avoir cours	*Unterricht haben*
	avoir l'air	*aussehen, wirken*
	avoir un faible pour	*eine Schwäche für jdn. / etw. haben*
	il y a	*es gibt, vor (zeitlich)*
	avril	*April*

B

la	**baguette**	*Baguette*
(se)	**baigner**	*baden*
la	**baignoire**	*Badewanne*
le	**bain**	*Bad*
le	**bal**	*Ball*
la	**banane**	*Banane*
le	**banc**	*(Park-) Bank*
la	**banque**	*Bank (Geldinstitut)*
la	**barbe**	*Bart*
la	**barquette**	*Körbchen*
le	**bas**	*unterer Teil*
le	**basket(-ball)**	*Basketball*
le	**bateau**	*Schiff, Boot*
	bâtiment	*Gebäude*
	beau, bel, belle	*schön*
	beaucoup	*viel, sehr*
les	**beaux-arts**	*die schönen Künste*
le	**besoin**	*Bedarf, Bedürfnis*
	beurk	*bäh, igitt*
le	**beurre**	*Butter*
la	**bibliothèque**	*Bibliothek*
	bien	*gut*
	bien cuit	*gut durch* (Garstufe beim Fleisch)
	bien sûr	*selbstverständlich*
	bientôt	*bald*
	à bientôt	*bis bald*
la	**bienvenue**	*Willkommen*
la	**bière**	*Bier*
	bilingue	*zweisprachig*
le	**billet (de train)**	*(Zug)Fahrkarte*
	biologique	*Bio-, ökologisch*
la	**bise**	*Küsschen*
le	**bisou**	*Küsschen*
	bizarre	*seltsam*
	blanc, blanche	*weiß*
	bleu, -e	*blau*
	blond, -e	*blond*
la	**Bohème**	*Boheme* (unkonventionelle Lebensart in Künstlerkreisen)
	boire	*trinken*
la	**boisson**	*Getränk*
	bon, -ne	*gut*
	Bon appétit !	*guten Appetit*

bon marché	*billig*
C'est bon pour le moral !	*Es ist gut für die Stimmung!*
le **bonbon**	*Bonbon*
le **bonheur**	*Glück*
bonjour	*guten Tag*
bonsoir	*guten Abend*
le **bord**	*Rand*
au bord de	*am Rand von, am Ufer*
la **botte**	*Stiefel*
la **bouche**	*Mund*
le **bouche à oreille**	*Mund zu Mund Propaganda*
la **boucherie**	*Fleischerei*
bouclé, -e	*lockig*
le / la **boulanger, -ère**	*Bäcker, -in*
la **boulangerie**	*Bäckerei*
la **boule**	*Kugel*
la **boule de cristal**	*Kristallkugel*
le **boulevard**	*Boulevard, Prachtstraße*
la **bouteille**	*Flasche*
la **boutique**	*Boutique, Geschäft*
le **bouton**	*Pickel, Knopf*
la **boxe**	*Boxen*
la **branche**	*Branche*
le **bras**	*Arm*
bref	*kurz gesagt*
bricoler	*basteln, handwerkeln*
le **briquet**	*Feuerzeug*
le **bruit**	*Geräusch, Lärm*
brun, -e	*braun*
le **bureau**	*Büro, Schreibtisch*
le **bureau de tabac**	*Tabakladen*
le **bus**	*Bus*
C	
ça	*das*
la **cabane**	*Hütte*
la **cabine**	*Umkleidekabine*
le **cadeau**	*Geschenk*
le **café**	*Kaffee, Café*
les **Calanques**	steilwandiger Küstenstreifen bei Marseille
le **caleçon**	*Unterhose*
le **calendrier**	*Kalender*
calme	*ruhig*
le **cambrioleur**	*Einbrecher*
le **camembert**	*Camembert*
la **campagne**	*Land*
le **camping**	*Camping*
le **canal**	*Kanal*
le **canapé**	*Sofa*
le / la **candidat, -e**	*Kandidat, -in*
la **candidature**	*Bewerbung*
la **cantine**	*Kantine*
le **caractère**	*Charakter*
la **carafe d'eau**	*Karaffe mit Leitungswasser*
le **carnaval**	*Karneval*
la **carotte**	*Karotte*
(à) **carreaux**	*kariert*
le **carrefour**	*Kreuzung*
la **carte**	*(Spiel-)Karte*
la ~ **de crédit**	*Kreditkarte*
la ~ **de réduction**	*Ermäßigungskarte*
la ~ **des boissons**	*Getränkekarte*
la ~ **postale**	*Postkarte*
la ~ **de vœux**	*Glückwunschkarte*
casser	*brechen, kaputt machen*
la **castagnette**	*Kastagnette*
la **cathédrale**	*Dom*
la **cave**	*Keller*
célèbre	*berühmt*
célébrer	*feiern*
célibataire	*ledig*
le **centre**	*Zentrum*
le ~ **d'intérêt**	*Interessen*
le ~ **équestre**	*Reiterhof*
le ~ **ville**	*Stadtzentrum*
la **céréale**	*Korn*
certain, -e	*bestimmt*
chacun son rythme	*jeder seinen Rhythmus*
la **chaise**	*Stuhl*
la **chambre**	*Schlafzimmer*
le **chameau**	*Kamel*
le **champ**	*Feld*
le **champagne**	*Champagne*
le **champignon**	*Pilz*
le **changement**	*Wechsel, Umstieg*
le **chant**	*Gesang*
le **chapeau**	*Hut*
chaque	*jede, -r, -s*
charmant, -e	*charmant*
le **chat**	*Katze*
le **château**	*Schloss*
chaud, -e	*warm*
le **chauffeur**	*Fahrer*
la **chaussure**	*Schuh*
le **chemin**	*Weg*
la **chemise**	*Hemd*
le **chemisier**	*Bluse*
cher, -ère	*teuer; liebe, -r*
chercher	*suchen*
chéri, -e	*Liebling, Schatz*
le **cheval**	*Pferd*
le **cheveu**	*Haar*
la **chèvre**	*Ziege*
chez	*bei*
le **chez-soi / chez moi**	*Zuhause, die eigenen vier Wände*
chic	*schick*
le **chien**	*Hund*
chinois, -e	*chinesisch*
le **chocolat**	*Schokolade*
choisir	*wählen, auswählen*
le **chômage**	*Arbeitslosigkeit*
la **chose**	*Ding, Sache*
chut !	*Psst! Leise!*
la **cigarette**	*Zigarette*
le **cinéma**	*Kino*
le / la **citoyen, -ne**	*Bürger, -in*
le **citron**	*Zitrone*
la **classe**	*Klasse*
classique	*klassisch*
le / la **client, -e**	*Kunde, -in*
le **club**	*Verein*
le **club de fitness**	*Fitnessstudio*
le **cochon**	*Schwein*
(se) **coiffer**	*(sich) kämmen*
le / la **coiffeur, -euse**	*Frisör, -in*
la **coiffure**	*Frisur*
la **colère**	*Wut*
le / la **collègue**	*Kollege, -in*
le / la **colocataire**	*Mitbewohner, -in*
combien	*wie viel*
la **comédie**	*Komödie*
commander	*bestellen*
comme	*wie*
comme ci comme ça	*so lala*
comment?	*wie?*
comparer	*vergleichen*
la **compétence**	*Kompetenz*
complet, -ète	*voll, belegt*
complètement	*total, vollkommen*
compliqué, -e	*kompliziert*
le / la **compositeur, -trice**	*Komponist, -in*
composter	*entwerten*
comprendre	*verstehen, begreifen*
le **comté**	*Comté* (Käsesorte)
le **concert**	*Konzert*
la **confiance**	*Vertrauen*
confirmer	*bestätigen*
la **confiture**	*Marmelade*
le **confort**	*Komfort, Bequemlichkeit*
confortable	*bequem*
connaître	*kennen*
consacrer	*widmen*
le **conseil**	*Rat, Ratschlag*
le **contact**	*Kontakt, Verbindung*
contemporain, e	*zeitgenössisch*
content, e	*froh, zufrieden*
continuer	*fortsetzen*
le **contrat**	*Vertrag*
le ~ **de travail**	*Arbeitsvertrag*
le **contraire**	*Gegenteil*
contre	*gegen, vor*
le / la **copain, -ine**	*Freund, -in*
le **coq**	*Hahn*
le **corps**	*Körper*
cosmétique	*kosmetisch*
le **costume**	*Anzug, Kostüm*

le **côté**	*Seite*
à côté	*neben*
le **cou**	*Hals*
(se) **coucher**	*(sich) hinlegen, ins Bett gehen*
le **coucher de soleil**	*Sonnenuntergang*
coucou	*Kuckuck, Hallo*
la **couleur**	*Farbe*
le **couloir**	*Flur*
le **coup de soleil**	*Sonnenbrand*
couramment	*fließend*
le **cours**	*Kurs, Unterricht*
les **courses** (Pl. w.)	*Einkäufe*
court, -e	*kurz*
le / la **cousin, -e**	*Cousin, -e*
le **couteau**	*Messer*
coûter	*kosten*
la **cravate**	*Krawatte*
créer	*schaffen, herstellen*
la **crème**	*Creme, Sahne*
la ~ **fraîche**	*Creme fraîche*
la ~ **solaire**	*Sonnencreme*
la **crêpe**	*Crêpe* (dünner Eierpfannkuchen)
crier	*schreien*
croire	*glauben*
le **croissant**	*Croissant*
la **crudité**	*Rohkost*
la **cuillère**	*Löffel*
la **cuisine**	*Küche*
le / la **cuisinier, -ère**	*Koch, Köchin*
la **cuisson**	*Garstufe*
cuit, -e	*gekocht, (gut) durchgebraten*
le **curriculum vitae (CV)**	*Lebenslauf*

D

d'abord	*zuerst, zunächst*
d'accord	*einverstanden*
la **dame**	*Frau*
danser	*tanzen*
dans	*in*
d'après	*laut, gemäß*
la **date**	*Datum*
de... à	*von ... bis*
le **début**	*Beginn*
décembre	*Dezember*
décontracté, -e	*entspannt*
déçu, -e	*enttäuscht*
décrire	*beschreiben*
le **défi**	*Herausforderung*
(se) **déguiser**	*(sich) verkleiden*
dehors	*draußen*
déjà	*schon*
le **déjeuner**	*Mittagsessen*
délicieux, -euse	*köstlich*
demain	*morgen*
(se) **demander**	*(sich) fragen*
demi-pension	*Halbpension*
démissionner	*kündigen*
la **dent**	*Zahn*
le / la **dentiste**	*Zahnarzt, -ärztin*
le **départ**	*Abfahrt*
depuis	*seit, seitdem*
dernier, -ère	*letzte, -r, -s*
derrière	*hinter*
désagréable	*unangenehm*
descendre	*heruntergehen*
le **design**	*Design*
le **designer**	*Designer*
désirer	*wünschen*
Désolé, -e !	*Es tut mir leid.*
le **dessert**	*Nachtisch*
la **destination**	*(Urlaubs-)Ziel*
se **détendre**	*sich entspannen*
détester	*verabscheuen*
devant	*vor, vorne*
devenir	*werden*
la **devinette**	*Rätsel*
devoir	*müssen, sollen*
différent, -e	*anders, verschieden*
difficile	*schwierig*
la **digestion**	*Verdauung*
le **dimanche**	*Sonntag*
dîner	*zu Abend essen*
le **dîner**	*Abendessen*
dire	*sagen*
direct, -e	*direkt*
le / la **directeur, -rice**	*Leiter, -in*
la **direction**	*Richtung*
la **discothèque**	*Diskothek*
discuter	*sich unterhalten*
se **disputer**	*streiten*
divorcé, -e	*geschieden*
le / la **docteur, -oresse**	*Arzt, Ärztin*
le **doigt**	*Finger*
donc	*also, daher*
donner	*geben*
la **dorade**	*Dorade*
dormir	*schlafen*
le **dortoir**	*Schlafraum*
le **dos**	*Rücken*
d'où	*woher*
double	*doppelt*
la **douche**	*Dusche*
se **doucher**	*sich duschen*
le **drame**	*Drama*
le **drapeau**	*Flagge*
droit, -e	*gerade*
tout droit	*gerade aus*
la **droite**	*Rechte*
à **droite**	*rechts*
drôle	*lustig*
la **durée**	*Dauer*

E

l' **eau** (w.)	*Wasser*
l'**eau minérale** (w.)	*Mineralwasser*
l' **échange** (m.)	*Austausch*
les **échecs** (Pl. m.)	*Schach*
éclater	*platzen, losbrechen*
l' **école** (w.)	*Schule*
l' **écologie** (w.)	*Umweltschutz*
l' **économie** (w.)	*Wirtschaft*
écouter	*hören, zuhören*
écrire	*schreiben*
l' **éducation** (w.)	*Erziehung*
efficace	*wirksam, effizient*
l' **église** (w.)	*Kirche*
élégant, -e	*elegant*
élu, -e	*gewählt* (für einen Posten)
l' **e-mail** (m.)	*E-Mail*
l' **émotion** (w.)	*Emotion*
l' **emploi** (m.)	*Arbeitsstelle*
l' **employé, -e**	*Angestellte, -r*
l' **employeur, -euse**	*Arbeitgeber, -in*
s' **énerver**	*sich ärger*
en	*In, mit, davon*
en bas	*unten*
en haut	*oben*
en plus	*zudem*
enchanté, -e	*erfreut*
encore	*noch*
l' **endroit** (m.)	*Ort*
l' **enfance** (w.)	*Kindheit*
l' **enfant** (m. / w.)	*Kind*
enfin	*schließlich, endlich*
s' **enfuir**	*fliehen*
l' **ennui** (m.)	*Langweile*
ennuyer	*ärgern; langweilen*
s'**ennuyer**	*sich langweilen*
ensemble	*zusammen*
ensuite	*danach, folglich*
entendre	*hören*
s'**entendre**	*sich verstehen*
entendre parler de	*von etwas hören*
l' **entraînement** (m.)	*Training*
s' **entraîner**	*trainieren*
entre	*zwischen*
l' **entrée** (w.)	*Eingang; Vorspeise*
l' **entreprise** (w.)	*Unternehmen*
entrer	*eintreten*
l' **entretien d'embauche** (m.)	*Vorstellungsgespräch*
l' **envie** (w.)	*Lust*
envoyer	*senden*
l' **épaule** (w.)	*Schulter*
l' **épicerie** (w.)	*Lebensmittelgeschäft*
l' **épinard** (m.)	*Spinat*
l' **Epiphanie**	*Dreikönigstag*
l' **époque** (w.)	*Zeitalter*

l' **équilibre** (m.)	*Gleichgewicht*
l' **équipe** (w.)	*Team*
équipé, -e	*ausgestattet*
l' **équitation** (w.)	*Reiten*
l' **escalier** (m.)	*Treppe*
l' **escargot** (m.)	*Schnecke*
l' **espace** (m.)	*Raum, Platz*
l'**espace vert** (m.)	*Grünfläche*
espagnol, -e	*spanisch*
l' **espagnol**	*Spanisch (Sprache)*
espérer	*hoffen*
essayer	*(an)probieren*
l' **essence** (w.)	*Benzin*
l' **étage** (m.)	*Etage*
l' **étagère** (w.)	*Regal*
l' **été** (m.)	*Sommer*
l' **étoile** (w.)	*Stern*
l' **étranger, -ère**	*Ausländer, -in*
(à l') **étranger**	*im Ausland*
être	*sein*
être abonné	*etwas abonniert haben*
c'est	*es ist*
C'est bon ?	*Schmeckt's?*
étroit, -e	*eng*
les **études** (Pl. w.)	*Studium*
l' **étudiant, -e**	*Student, -in*
l' **euphorie** (w.)	*Euphorie*
européen, -ne	*europäisch*
évaluer	*einschätzen, begutachten*
l' **évènement** (m.)	*Ereignis*
l' **examen** (m.)	*Prüfung*
l' **excuse** (w.)	*Entschuldigung*
(s') **excuser**	*(sich) entschuldigen*
Excusez-moi.	*Entschuldigen Sie mich bitte.*
l' **exercice**	*Übung*
exister	*existieren*
l' **expérience** (w.)	*Erfahrung*
l' **expert, -e**	*Expert, -in*
expliquer	*erklären*
l' **explorateur, -rice**	*Erforscher, -in*
l' **exposition** (w.)	*Ausstellung*

F

facile	*leicht, einfach*
la **facture**	*Rechnung*
faire	*machen, tun*
~ connaissance	*sich kennenlernen*
~ de la musique	*Musik spielen*
~ du shopping	*shoppen*
~ du sport	*Sport treiben*
~ la fête	*feiern*
~ les courses	*einkaufen*
~ la taille 38	*Kleidergröße 38 haben*
Ça fait combien ?	*Wie viel kostet es?*
ça fait 3 jours	*vor 3 Tage*
il fait beau	*das Wetter ist schön*
il fait chaud / froid	*es ist warm / kalt*
le **fait divers**	*kurze Nachricht*
la **falaise**	*Felswand, Steilküste*
falloir	*brauchen, es nötig haben*
il me faut	*ich brauche*
il faut faire quelque chose	*man muss etwas tun*
il ne faut pas...	*man darf nicht ...*
familial, -e	*familiär*
la **famille**	*Familie*
fatigant, -e	*anstrengend*
fatigué, -e	*müde*
le **fauteuil**	*Sessel*
faux	*falsch*
les **félicitations** (Pl. w.)	*Glückwünsche*
la **femme**	*Frau, Ehefrau*
la ~ **de ménage**	*Putzfrau*
la ~ **politique**	*Politikerin*
la **fenêtre**	*Fenster*
férié, -e	*Feier-*
le **jour férié**	*Feiertag*
la **ferme**	*Bauernhof*
fermé, -e	*geschlossen*
le **festival**	*Festival*
la **fête**	*Fest, Party*
fêter	*feiern*
le **feu**	*Feuer, (Verkehrs-)Ampel*
la **feuille**	*Blatt*
la **fève**	*Bohne* (kleine Porzellanfigur im Dreikönigskuchen)
février	*Februar*
la **fibre**	*Faser*
la **fièvre**	*Fieber*
la **fille**	*Mädchen, Tochter*
le **film**	*Film*
le **fils**	*Sohn*
la **fin**	*Ende*
finalement	*schließlich, endlich*
la **finance**	*Finanz*
financier, -ère	*finanziell*
finir	*beenden, abschließen*
la **fleur**	*Blume*
à fleurs	*mit Blumenmuster*
le **fleuve**	*Fluss*
fonctionner	*funktionieren*
le / la **fondateur, -trice**	*Gründer, -in*
le **foot(ball)**	*Fußball*
la **forêt**	*Wald*
la **formation**	*Ausbildung*
la **forme**	*Form, Gestalt*
en **forme**	*fit*
la **fortune**	*Vermögen*
fou, fol, folle	*verrückt*
la **fourchette**	*Gabel*
frais, fraîche	*frisch, kühl*
le **Français, -e**	*Franzose, -in*
français, -e	*französisch*
le **français**	*Französisch* (Sprache)
le **frère**	*Bruder*
les **frites** (Pl. w.)	*Pommes frites*
froid, -e	*kalt*
le **fromage**	*Käse*
la **fromagerie**	*Käserei*
le **fruit**	*Obststück*
les **fruits de mer** (Pl. m.)	*Meeresfrüchte*
le **futur**	*Zukunft*

G

gagner	*verdienen, gewinnen*
la **galette des Rois**	Blätterteigkuchen mit Marzipan
le **garçon**	*Junge*
la **gare**	*Bahnhof*
le **gâteau**	*Kuchen, Keks*
la **gauche**	*Linke*
à gauche	*links*
gêné, -e	*verlegen*
gêner	*stören*
(en) **général**	*(im) allgemein(en)*
génial, -e	*genial*
le **génie**	*Genie*
les **gens** (Pl. m.)	*Leute*
la **géographie**	*Geografie*
la **gestion**	*Leitung, Verwaltung*
le **gîte**	*Ferienhaus, Ferienwohnung*
la **glace**	*Eis*
la **gorge**	*Hals, Kehle*
gourmand, -e	jemand der gerne und viel isst
goûter	*kosten, probieren*
le **goûter**	*Nachmittagsimbiss*
la **goutte**	*Tropfen*
grâce à	*Dank*
le **gramme**	*Gramm*
grand, -e	*groß*
grandir	*(auf) wachsen*
la **grand-mère**	*Großmutter*
le **grand-père**	*Großvater*
les **grands-parents** (Pl. m.)	*Großeltern*
le **gratin**	*Auflauf*
gratuit, -e	*gratis, kostenfrei*
grave	*schlimm*
la **grimace**	*Grimasse*
gris, -e	*grau*
gros, -se	*dick*
grossir	*zunehmen*
le **groupe**	*Gruppe*
le **groupe de réflexion**	*Arbeitskreis*
la **guerre**	*Krieg*
guidé, -e	*geführt*
la **guitare**	*Gitarre*

H

(s') **habiller**	*(sich) anziehen*
l' **habitant, -e**	*Bewohner, -in*
habiter	*wohnen*
l' **habitude** (w.)	*Gewohnheit*
l' **harmonie** (w.)	*Harmonie*
l' **hébergement** (m.)	*Unterkunft*
l' **heure** (w.)	*Uhr, Stunde*
À quelle heure ?	*Um wieviel Uhr?*
l'**heure d'ouverture**	*Öffnungszeiten*
heureusement	*glücklicherweise, zum Glück*
l' **histoire** (w.)	*Geschichte*
l' **hiver** (m.)	*Winter*
l' **homme** (m.)	*Mann, Mensch*
l' **homme politique** (m.)	*Politiker*
l' **hôpital** (m.)	*Krankenhaus*
l' **horreur** (w.)	*Schrecken, Abscheu*
l' **hôtel** (m.)	*Hotel*
l' **hôtel de ville** (m.)	*Rathaus*
l' **humeur** (w.)	*Laune, Stimmung*
l' **humour** (m.)	*Humor*

I

ici	*hier*
idéal, -e	*ideal*
l' **idée** (w.)	*Idee*
identifier	*identifizieren*
idiot, -e	*idiotisch*
il fait...	*das Wetter ist ...*
l' **immeuble** (m.)	*Wohnhaus*
important, -e	*wichtig*
les **impressionnistes (Pl. m. / w.)**	*Impressionisten*
l' **indice** (m.)	*Anzeichen*
indien, -ne	*indianisch*
l' **influence** (w.)	*Einfluss*
l' **information** (w.)	*Information*
l' **informatique** (w.)	*EDV*
(s') **informer**	*(sich) informieren*
l' **insomnie** (w.)	*Schlaflosigkeit*
s' **installer**	*sich einrichten*
l' **instant** (m.)	*Augenblick*
intéressant, -e	*interessant*
intimider	*einschüchtern*
intriguer	*neugierig / stutzig machen*
l' **invitation** (w.)	*Einladung*
l' **invité, -e**	*Gast*
inviter	*einladen*
l' **île** (w.)	*Insel*
italien, -ne	*italienisch*

J

la **jalousie**	*Neid, Eifersucht*
jaloux, -ouse	*neidisch, eifersüchtig*
(ne)... **jamais**	*nie, niemals*
la **jambe**	*Bein*
janvier	*Januar*
le **jardin**	*Garten*
jardiner	*gärtnern*
jaune	*gelb*
le **jean**	*Jeans*
le **jeu (vidéo)**	*(Video-) Spiel*
le **jeudi**	*Donnerstag*
jeune	*jung*
le **jogging**	*Jogging*
la **joie**	*Freude*
joli, -e	*hübsch*
jouer	*spielen*
le **jour**	*Tag*
le **Jour de l'an**	*Neujahr*
le **jour férié**	*Feiertag*
les **jours de la semaine** (Pl. m.)	*Wochentage*
de jour en jour	*von Tag zu Tag*
le **journal**	*Zeitung*
le **journal télévisé**	*Fernsehnachrichten*
la **journée**	*Tag*
Bonne journée !	*Einen schönen Tag!*
joyeux, -euse	*fröhlich*
juillet	*Juli*
juin	*Juni*
la **jupe**	*Rock*
le **jus**	*Saft*
jusque	*bis*

K

le **kilo**	*Kilo*

L

là	*hier, da*
là-bas	*dort*
le **lac**	*(der) See*
laisser	*lassen*
le **lait**	*Milch*
laitier, -ère	*Milch-*
la **lampe**	*Lampe*
la **langue**	*Sprache*
le **lapin**	*Kaninchen, Hase*
large	*breit, weit, ausgedehnt*
(se) **laver**	*(sich) waschen*
le(s)quel(s), laquelle, lesquelles	*welche, -r, -s*
le **légume**	*Gemüse*
la **lettre**	*Brief*
se **lever**	*aufstehen*
la **liaison**	*Bindung*
la **librairie**	*Buchhandlung*
libre	*frei*
lire	*lesen*
lisse	*glatt*
la **liste**	*Liste*
le **lit**	*Bett*
le **lit simple**	*Einzelbett*
le **lit double**	*Doppelbett*
le **litre**	*Liter*
la **littérature**	*Literatur*
le **livre**	*Buch*
le **logement**	*Wohnung, Unterkunft*
le **logiciel**	*Software*
loin	*weit, fern*
le **loisir**	*Freizeitbeschäftigung*
long, -ue	*lang*
le **look**	*Look*
le **loup**	*Wolf*
le **lundi**	*Montag*
les **lunettes** (Pl. w.)	*Brille*
luxueux, -euse	*luxuriös*
le **lycée**	*Gymnasium*

M

madame	*Frau*
mademoiselle	*Fräulein*
le **magasin**	*Geschäft*
le **magazine**	*Zeitschrift*
magnifique	*wunderschön*
mai	*Mai*
la **main**	*Hand*
maintenant	*jetzt*
mais	*aber*
mais non !	*Aber nein!*
la **maison**	*Haus*
le **maître**	*Lehrer, Meister*
majeur, -e	*von großer Bedeutung*
le **mal**	*Schmerz, -weh*
mal	*schlecht*
malade	*krank*
la **mamie**	*Oma*
manger	*essen*
le **manteau**	*Mantel*
(se) **maquiller**	*(sich) schminken*
le / la **marchand, -e**	*Verkäufer, -in*
le **marché**	*Markt*
marcher	*laufen*
le **mardi**	*Dienstag*
le **mari**	*Ehemann*
le **mariage**	*Ehe, Hochzeit*
marié, -e	*verheiratet*
marrant	*lustig*
marron	*braun*
mars	*März*
le **masque**	*Maske*
le **matin**	*Morgen, Vormittag*
la **matinée**	*Vormittag*
mauvais, -e	*schlecht*
le / la **médecin**	*Arzt, Ärztin*
les **médias** (Pl. m.)	*Medien*
le **médicament**	*Medikament*
le / la **meilleur, -e**	*der / die Beste*

le / la	**même**	*der / die Gleiche*
	même	*sogar*
le	**ménage**	*Haushalt*
la	**mer**	*Meer*
	merci	*danke*
	merci beaucoup	*vielen Dank*
le	**mercredi**	*Mittwoch*
la	**mère**	*Mutter*
	messieurs-dames	*meine Damen und Herren*
la	**mesure**	*Maßnahme*
le	**mètre carré**	*Quadratmeter*
le	**métro**	*U-Bahn*
la	**métropole**	*Metropole*
	mettre	*setzen, stellen, legen; anziehen*
	~ la table	*den Tisch decken*
	~ la télé	*den Fernseher anmachen*
	~ les chaussures	*die Schuhe anziehen*
	~ un CD	*einen CD auflegen*
	~ une heure	*eine Stunde brauchen*
le	**meuble**	*Möbelstück*
	miam	*lecker*
	midi	*Mittag*
le	**miel**	*Honig*
	mieux	*besser*
la	**migration**	*Migration*
le	**milieu**	*Mitte*
le	**million**	*Million*
	mince	*schlank*
le	**ministre**	*Minister*
	minuit	*Mitternacht*
la	**minute**	*Minute*
le	**miroir**	*Spiegel*
la	**mode**	*Mode*
	à la mode	*im Trend liegen*
le	**modèle**	*Modell, Muster*
	moderne	*modern*
	moins	*weniger*
le	**moment**	*Moment*
	à un ~ donné	*zu einem bestimmten Zeitpunkt*
le	**monde**	*Welt*
	tout le monde	*jeder, alle*
	monsieur	*Herr*
le	**mont**	*Berg*
la	**montagne**	*Berg, Gebirge*
	monter	*aufsteigen*
le	**monument**	*Denkmal, Sehenswürdigkeit*
le	**moral**	*Laune*
le	**morceau**	*Stück*
	mort, -e	*gestorben*
la	**mort**	*Tod*
le	**mot**	*Wort, Mitteilung*
le	**motif**	*Muster*
la	**moto**	*Motorrad*
la	**moule**	*Muschel*
les	**moules-frites** (Pl. w.)	*Muscheln mit Pommes*
	mourir	*sterben*
les	**mousquetaires** (Pl. m.)	*Musketiere*
la	**mousse au chocolat**	*Schokoladenmousse*
la	**moustache**	*Schnurrbart*
le	**mouton**	*Schaf*
le	**moyen**	*Mittel*
	le **moyen de transport**	*Verkehrsmittel*
le	**mur**	*Wand*
le	**musée**	*Museum*
le / la	**musicien, -ne**	*Musiker, -in*
la	**musique**	*Musik*

N

la	**naissance**	*Geburt*
	naître	*geboren werden*
	natal, -e	*Heimats-, Geburts-*
	national, -e	*national*
la	**nationalité**	*Nationalität*
la	**nature**	*Natur*
	naturel, -le	*natürlich*
	naviguer	*segeln*
	naviguer sur internet	*in Internet surfen*
	nécessaire	*notwendig*
	neiger	*schneien*
	neuf, -euve	*neu*
le	**nez**	*Nase*
	ni… ni	*weder … noch*
	Noël	*Weihnachten*
	noir, -e	*schwarz*
le	**nom**	*Name*
le	**nombre**	*Zahl, Anzahl*
	nombreux, -euse	*zahlreich*
	non	*nein*
la	**nostalgie**	*Nostalgie*
	nouveau, -el, -elle	*neu*
la	**nouvelle**	*Neuigkeit, Nachricht*
	novembre	*November*
le	**nuage**	*Wolke*
la	**nuit**	*Nacht*
le	**numéro**	*Nummer*

O

l'	**objectif** (m.)	*Ziel*
l'	**objet** (m.)	*Gegenstand*
l'	**occasion** (w.)	*Gelegenheit*
	octobre	*Oktober*
l'	**œil** (m. Pl. yeux)	*Auge*
l'	**œuf** (m.)	*Ei*
l'	**œuvre** (w.)	*Werk*
l'	**office de tourisme** (m.)	*Touristeninformation*
l'	**offre** (w.)	*Angebot*
	offrir	*schenken*
l'	**oiseau** (m.)	*Vogel*
l'	**omelette** (w.)	*Omelett*
l'	**oncle** (m.)	*Onkel*
l'	**opticien, -ne**	*Optiker, -in*
l'	**orage** (m.)	*Gewitter*
l'	**orange** (w.)	*Orange*
l'	**orchestre** (m.)	*Orchester*
l'	**ordinateur** (m.)	*Computer*
l'	**ordonnance** (w.)	*Rezept*
l'	**oreille** (w.)	*Ohr*
(s')	**orienter**	*(sich) orientieren*
	original, -e	*einzigartig*
	où	*wo*
	oublier	*vergessen*
	oui	*ja*
	ouvert	*geöffnet*
l'	**ouverture** (w.)	*Öffnung, Eröffnung*
	ouvrir	*öffnen, eröffnen*

P

le	**pain**	*Brot*
	le **pain complet**	*Vollkornbrot*
la	**paix**	*Frieden*
la	**panne**	*Panne*
	en panne	*kaputt*
le	**pantalon**	*Hose*
	Pâques	*Ostern*
	paraître	*(er)scheinen*
	il paraît que…	*angeblich, es scheint, dass …*
le	**parapluie**	*Regenschirm*
le	**parc**	*Park*
le	**parcours**	*Strecke, Werdegang*
	pardon	*Verzeihung*
les	**parents** (Pl. m.)	*Eltern, Verwandten*
	parfait	*perfekt*
	parfois	*manchmal*
le	**parfum**	*Parfüm*
le	**parlement**	*Parlament*
	parler	*sprechen*
	parmi	*unter, mitten unter*
le / la	**partenaire**	*Partner, -in*
	particulier, -ère	*besondere, -r, -s*
	particulièrement	*besonders*
la	**partie**	*Teil*
	partir	*weggehen, wegfahren*
	pas de	*kein*
le	**passeport**	*Pass*
	passer	*verbringen, vorbeigehen*
	passer (devant)	*an … vorbeigehen*
	passer l'aspirateur (m.)	*staubsaugen*
les	**pâtes** (Pl. w.)	*Pasta*
	payant, -e	*gebührenpflichtig*
	payer	*bezahlen*
le	**pays**	*Land*
le	**paysage**	*Landschaft*
la	**peau**	*Haut*

le / la **peintre**	*Maler, -in*
la **peinture**	*Malerei*
pendant (que)	*während*
penser	*denken*
la **pension**	*Pension*
perdre	*verlieren*
le **père**	*Vater*
perforer	*durchstechen*
la **période**	*Zeitraum*
le **permis de conduire**	*Führerschein*
personne	*niemand*
la **personne**	*Person*
la **pétanque**	*Boule Spiel*
petit, -e	*klein*
le **petit-déjeuner**	*Frühstück*
la **petite-fille**	*Enkelin*
le **petit-fils**	*Enkel*
peu	*wenig*
la **peur**	*Angst*
peut-être	*vielleicht*
la **pharmacie**	*Apotheke*
la **philosophie**	*Philosophie*
la **photo(graphie)**	*Foto*
la **physique**	*Physik*
le **piano**	*Klavier*
la **pièce**	*Raum, Stück, Münze*
le **pied**	*Fuß*
piloter	*fliegen, steuern*
pique-niquer	*Picknick machen*
la **piscine**	*Schwimmbad*
le **placard**	*Wandschrank*
la **place**	*Platz, Stellung*
à ta place	*an deiner Stelle*
placer	*platzieren, hinstellen, -legen, -setzen*
la **plage**	*Strand*
plaire	*gefallen*
S'il vous plaît ?	*Bitte?*
le **plaisir**	*Spaß*
le **plan**	*Plan, Karte, Grundriss*
la **planète**	*Planet*
le **plat**	*Gericht*
le **plat principal**	*Hauptgericht*
le **plateau de fromages**	*Käseplatte*
plein, -e	*voll*
le **plein air**	*Freiland*
pleurer	*weinen*
pleuvoir	*regnen*
il pleut	*es regnet*
la **pluie**	*Regen*
plus	*mehr*
(ne)… **plus**	*nicht mehr*
plusieurs	*mehrere*
plutôt	*eher*
la **poche**	*Tasche, Hosentasche*
(à) **point**	*gar* (Fleisch)
le **point pour s'orienter**	*Orientierungspunkt*
la **pointure**	*Schuhgröße*
(à) **pois**	*gepunktet*
le **poisson**	*Fisch*
la **poissonnerie**	*Fischgeschäft*
la **poitrine**	*Brust*
la **police**	*Polizei*
la **politique**	*Politik*
politique	*politisch*
la **pollution**	*Umweltverschmutzung*
la **pomme**	*Apfel*
la **pomme de terre**	*Kartoffel*
le **poney**	*Pony*
le **pont**	*Brücke*
le **portable**	*Handy*
la **porte**	*Tür*
le **porte manteau**	*Kleiderständer*
porter	*tragen*
le **portrait**	*Porträt*
poser	*setzen, stellen, legen*
poser une question	*eine Frage stellen*
possible	*möglich*
la **poste**	*Post*
le **poste**	*Arbeitsstelle*
le **potager**	*Gemüsegarten*
la **poule**	*Huhn*
le **poulet**	*Hähnchen*
la **poupée**	*Puppe*
pour	*für, um … zu*
le **pourboire**	*Trinkgeld*
pourquoi	*warum*
pouvoir	*können, dürfen*
pratiquer	*üben, machen*
préférer	*bevorzugen*
en **premier**	*zuerst*
le / la **premier, -ère**	*der / die Erste*
le **premier ministre**	*Premierminister*
prendre	*nehmen*
~ des mesures	*Maßnahmen ergreifen*
~ le bus	*den Bus nehmen*
~ le petit-déjeuner	*frühstücken*
~ un bain	*baden*
~ un café	*einen Kaffee trinken*
prescrire	*verschreiben*
présenter	*vorstellen*
principal, -e	*haupt-*
le **printemps**	*Frühling*
le **prix**	*Preis*
le **problème**	*Problem*
prochain, -e	*nächste, -r, -s*
proche	*nah*
le **produit**	*Produkt*
le **produit laitier**	*Milchprodukt*
le / la **professeur, -e**	*Lehrer, -in, Kursleiter, -in*
la **profession**	*Beruf*
professionnel, -le	*beruflich, professionell*
la **promenade**	*Spaziergang*
se **promener**	*spazieren gehen*
proposer	*vorschlagen*
la **proposition**	*Vorschlag*
propre	*sauber; eigen*
le / la **propriétaire**	*Besitzer, -in*
la **publicité**	*Werbung*
le **pull**	*Pulli*
le **pyjama**	*Schlafanzug*
quand	*wann, wenn, als*
le **quart**	*Viertel*
une heure moins le quart	*Viertel vor eins*
une heure et quart	*Viertel nach eins*
que depuis	*nur seit*
quel(s) / le(s)	*welche, -r, -s*
quelque chose	*etwas*
quelques	*einige*
que	*da, dass, wie, als, was*
qu'est-ce que ?	*was?*
la **question**	*Frage*
qui	*der, die, das, wer*
qui est-ce qui ?	*wer, wen, wem?*
la **quiche**	*Quiche*
quoi	*was*
quotidien, -ne	*täglich, alltäglich*
quotidiennement	*täglich*
R	
raconter	*erzählen*
la **radio**	*Radio*
rajeunir	*verjüngen*
la **randonnée**	*Wanderung*
rapidement	*schnell*
rarement	*selten*
(à) **rayures**	*gestreift*
réagir	*reagieren*
recevoir	*empfangen, bekommen*
la **recherche**	*Suche, Forschung*
la **réduction**	*Ermäßigung*
la **réflexion**	*Überlegung*
le **refuge**	*Berghütte*
refuser	*ablehnen*
regarder	*schauen*
la **région**	*Region*
la **règle**	*Regel*
régulièrement	*regelmäßig*
la **relation**	*Beziehung, Verhältnis*
la **relation familiale**	*Familienbeziehung*
la **religion**	*Religion*
rembourser	*zurückzahlen, erstatten*
le **remède**	*Arzneimittel*
remplir	*erfüllen, auffüllen*

rencontrer	*treffen*
le **rendez-vous**	*Termin*
rendre	*wiedergeben, erwidern, machen*
rénover	*renovieren*
(se) **renseigner**	*(sich) erkundigen*
rentrer	*nach Hause gehen*
la **réparation**	*Reparatur*
le **repas**	*Mahlzeit*
la **réponse**	*Antwort*
se **reposer**	*sich erholen*
le **réseau**	*Netz*
le **réseau de transports en commun**	*öffentliche Nahverkehrsnetz*
réserver	*reservieren, buchen*
la **responsabilité**	*Verantwortung*
responsable	*zuständig, verantwortlich*
ressembler à	*ähnlich sein*
le **restaurant**	*Restaurant*
restaurer	*restaurieren, wiederherstellen*
le **reste**	*Rest*
rester	*bleiben*
retourner	*zurückkehren*
la **retraite**	*Rente*
(se) **retrouver**	*(sich) wiedersehen*
le **rêve**	*Traum*
se **réveiller**	*aufwachen*
le **rez-de-chaussée**	*Erdgeschoss*
riche	*reich*
(ne)… **rien**	*nichts*
rimer	*reimen*
rire	*lachen*
le **riz**	*Reis*
la **robe**	*Kleid*
le **roi**	*König*
les **Rois mages**	*die Heiligen Drei Könige*
romantique	*romantisch*
le **rond-point**	*Kreisverkehr*
rose	*rosa*
rouge	*rot*
la **roulotte**	*Planwagen*
la **route**	*Landstraße*
en route	*unterwegs*
roux, -sse	*rothaarig*
la **rubrique**	*Rubrik, Sparte*
la **rue**	*Straße*
la **ruine**	*Ruine*
rural, -e	*ländlich*
russe	*russisch*

S

le **sac**	*Tasche*
saignant, -e	*blutend, englisch (Fleisch)*
la **saison**	*Jahreszeit*
la **salade**	*Salat*
le **salaire**	*Gehalt*
la **salle de bains**	*Badezimmer*
le **salon**	*Wohnzimmer*
salut	*hallo*
le **samedi**	*Samstag*
le **sanglier**	*Wildschwein*
sans	*ohne*
la **santé**	*Gesundheit*
la **sauce**	*Sauce*
la **saucisse**	*Wurst*
le **saumon**	*Lachs*
le **sauna**	*Sauna*
sauter	*springen*
savoir	*wissen, können*
le **savoir-vivre**	*Benehmen*
savourer	*genießen*
la **science**	*Wissenschaft*
second, -e	*zweite, -r, -s*
le / la **secrétaire**	*Sekretär, -in*
la **semaine**	*Woche*
sensible	*sensibel*
septembre	*September*
sérieux, -euse	*ernst*
le **serveur**	*Kellner*
le **service**	*Dienst, Service*
la **serviette**	*Serviette*
servir	*bedienen, servieren*
servir à	*zu etwas dienen*
le **seul**	*einzige*
seulement	*nur*
sévère	*streng*
sexy	*sexy*
si	*so, ob, doch*
le **siècle**	*Jahrhundert*
la **sieste**	*Mittagsschlaf*
le **signal**	*Signal*
le **signe**	*Zeichen*
signer	*unterschreiben*
simple	*einfach; einzeln*
sinon	*ansonsten, sonst*
le **sirop**	*Sirup, Saft*
le **ski**	*Ski*
le **Sms**	*SMS*
social, -e	*sozial, gesellschaftlich*
la **sœur**	*Schwester*
soigner	*heilen*
le **soir**	*Abend*
la **soirée**	*Abend*
les **soldes** (Pl. w.)	*Sonderangebot*
le **soleil**	*Sonne*
la **somme**	*Summe*
sonner	*klingeln*
sortir	*ausgehen, hinausgehen*
souhaiter	*wünschen*
la **soupe**	*Suppe*
le **sourire**	*Lächeln*
sous	*unter*
le **sous-vêtement**	*Unterwäsche*
le **souvenir**	*Erinnerung*
souvent	*oft, häufig*
spacieux, -euse	*geräumig*
spécial	*speziell*
la **spécialité**	*Spezialität*
le **sport**	*Sport*
sportif, -ive	*sportlich*
le **stage**	*Praktikum*
la **station**	*Station*
la ~ **d'essence**	*Tankstelle*
la ~ **de métro**	*Metrohaltestelle*
le **statut familial**	*Beziehungsstatus*
le **steak**	*Steak*
le **succès**	*Erfolg*
le **sucre**	*Zucker*
la **sucrerie**	*Süßigkeit*
le **sud**	*Süden*
suisse	*schweizerisch*
super	*super, toll*
le **supermarché**	*Supermarkt*
sur	*auf, über*
sûrement	*sicher, bestimmt*
surprendre	*überraschen*
la **surprise**	*Überraschung*
surtout	*vor allem*
le **sweat-shirt**	*Sweatshirt*
sympa(thique)	*nett, freundlich*
le **symptôme**	*Symptom*

T

la **table**	*Tisch*
À table !	*Zu Tisch!*
le **tableau**	*Bild, Gemälde*
la **tablette (de chocolat)**	*Tafel (Schokolade)*
la **tablette (numérique)**	*Tablet* (Computer)
la **taille**	*Größe*
le **talent**	*Talent*
la **tante**	*Tante*
tard	*spät*
la **tasse**	*Tasse*
le **taxi**	*Taxi*
la **technique**	*Technik*
la **technologie**	*Technologie*
le **tee-shirt**	*T-Shirt*
la **télé(vision)**	*Fernsehen*
télécharger	*herunterladen*
le **téléphone**	*Telefon*
le **téléphone mobile**	*Handy*
le **(téléphone) portable**	*Handy*
téléphoner	*telefonieren, anrufen*
tellement	*so, so sehr*
la **température**	*Temperatur*
le **temps**	*Zeit, Wetter*
le **temps-libre**	*die freie Zeit*

tenir	*halten*
Tiens ! / Tenez !	*hier, da; Schau mal!, So was !*
le **tennis**	*Tennis*
la **tente**	*Zelt*
la **terrasse**	*Terrasse*
la **tête**	*Kopf*
le **théâtre**	*Theater*
le **ticket**	*Ticket*
timide	*schüchtern*
la **timidité**	*Schüchternheit*
la **toile**	*Leinwand*
les **toilettes** (Pl. w.)	*Toilette*
la **tomate**	*Tomate*
tomber	*fallen*
tôt	*früh*
toucher	*berühren*
toujours	*immer*
la **tour**	*Turm*
le **tour**	*Rundgang, Rundfahrt, Tour*
le **tourisme**	*Tourismus*
le / la **touriste**	*Tourist, -in*
tourner	*abbiegen*
la **Toussaint**	*Allerheiligen*
tousser	*husten*
tout	*alle, jede, -r, -s; ganz*
tout à coup	*plötzlich*
tout à l'heure	*soeben*
tout de suite	*gleich, sofort*
tout droit	*geradeaus*
tout le temps	*die ganze Zeit*
la **toux**	*Husten*
traditionnel, -le	*traditionell*
le **trafic**	*Verkehr*
le **train**	*Zug*
le **tram(way)**	*Straßenbahn*
les **transports** (Pl. m.)	*Verkehrsmittel*
le **travail**	*Arbeit*
travailler	*arbeiten*
traverser	*überqueren*
très	*sehr*
la **tristesse**	*Traurigkeit*
la **trompette**	*Trompete*
trop	*zu viel*
se **trouver**	*sich befinden*
trouver	*finden*
le **tsar**	*Zar*
turbulent, -e	*turbulent, wild*
le **type**	*Typ, Kerl*
U	
universitaire	*akademisch, universitär*
l' **université** (w.)	*Universität*
utiliser	*verwenden, benutzen*
V	
les **vacances** (Pl. w.)	*Ferien*
la **vache**	*Kuh*
le / la **végétarien, -ne**	*Vegetarier, -in*
le **vélo**	*Fahrrad*
le **vendredi**	*Freitag*
venir	*kommen*
venir de faire quelque chose	*gerade etw. getan haben*
le **vent**	*Wind*
la **vente**	*Verkauf*
le **ventre**	*Bauch*
le **verre**	*Glas*
vers	*nach, gegen, in Richtung auf*
vert	*grün*
la **veste**	*die Jacke*
le **vêtement**	*Kleidungsstück*
veuf, -ve	*verwitwet*
la **viande**	*Fleisch*
vide	*leer*
la **vie**	*Leben*
la **vieillesse**	*Alter*
vieillir	*alt werden*
vieux, vieil, vieille	*alt*
la **vigne**	*Weinberg*
la **villa**	*Villa*
le **village**	*Dorf*
la **ville**	*Stadt*
la **vieille ville**	*Altstadt*
en ville	*in der Stadt*
le **vin**	*Wein*
le **violon**	*Geige*
le / la **virtuose**	*Virtuose*
le **visage**	*Gesicht*
la **visite**	*Besuch*
la **visite guidée**	*Führung*
visiter	*besichtigen*
vite	*schnell*
vivre	*leben, wohnen*
le **vocabulaire**	*Vokabel*
le **vœu**	*Wunsch*
voilà	*hier ist … So.*
voir	*sehen*
la **voiture**	*Auto*
le **voleur**	*Dieb*
Au voleur !	*Haltet den Dieb!*
volontiers	*gern*
le **vote**	*Abstimmung, Wahl*
vouloir	*wollen*
je voudrais	*ich möchte*
voyager	*reisen*
vrai, -e	*wahr, echt*
vraiment	*wirklich*
la **vue**	*Aussicht, Anblick*
W	
le **weekend**	*Wochenende*
Y	
le **yaourt**	*Jogurt*
les **yeux** (Pl. m. von œil)	*Augen*
la **yourte**	*Jurte*
Z	
zut	*Mist*

3. Auflage 2016

ISBN: 978-3-12-562772-7

Redaktion: Lucie Drevon
Logoentwurf: Erwin Poell, Heidelberg
Logoüberarbeitung: Sabine Redlin, Ludwigsburg
Fotos Cover und Innenteil: Die Quellenangaben zu den Fotos des Buches finden Sie auf der CD unter Bildnachweis_Buch.pdf
Einbandgestaltung: Anne Helbich, Stuttgart
Layout: Petra Michel, Essen
Tonaufnahmen: Audioproduktion dbmedia.de, Neuwied
Sprecher: Estelle Hubert, Anne Rojewski, Clement Marion, Jean Paul Dahbar
Satz: Digraf.pl – dtp services
Druck und Bindung: Publikum d.o.o